DecolaCoach

O impulso para coaches de sucesso

Copyright© 2019 by Literare Books International.
Todos os direitos desta edição são reservados à Literare Books International.

Presidente:
Mauricio Sita

Vice-presidente:
Alessandra Ksenhuck

Capa:
Atomic Buzz

Diagramação:
Paulo Gallian

Revisão:
Camila Oliveira

Diretora de projetos:
Gleide Santos

Diretora executiva:
Julyana Rosa

Relacionamento com o cliente:
Claudia Pires

Impressão:
Gráfica ANS

Dados Internacionais de Catalogação na Publicação (CIP)
(eDOC BRASIL, Belo Horizonte/MG)

D296   Decola coach / Coordenação editorial Alessandra Smaniotto. – São Paulo, SP: Literare Books International, 2019.
16 x 23 cm

ISBN 978-85-9455-196-2

1. Assessoria empresarial. 2. Assessoria pessoal. I. Smaniotto, Alessandra.

CDD 658.407124

Elaborado por Maurício Amormino Júnior – CRB6/2422

Literare Books International Ltda.
Rua Antônio Augusto Covello, 472 – Vila Mariana – São Paulo, SP.
CEP 01550-060
Fone/fax: (0**11) 2659-0968
site: www.literarebooks.com.br
e-mail: contato@literarebooks.com.br

Introdução

Olá, *coach*!
Bem-vindo ao *Decola coach*! O impulso para *coaches* de sucesso!

Neste momento você deve estar pensando que já fez uma formação em *coaching*, tem uma certificação internacional, conhece técnicas e ferramentas e, ainda assim, se sente inseguro, cheio de dúvidas para iniciar o seu negócio, implementar o seu aprendizado e passar a viver de *coaching*. Eu já me senti assim, dez anos atrás, quando iniciei minha carreira. Caí e levantei inúmeras vezes e, certa de que sei o que você está passando, reuni um grupo de mentores no intuito de ajudar profissionais que ainda não se sentem preparados para decolar na carreira e precisam de um apoio para alavancarem na profissão e se tornarem *coaches* de referência.

Uma mentoria não substitui a formação, primeiro é importante o domínio das técnicas e ferramentas da metodologia *coaching* para depois colocar em prática o aprendizado. Sendo assim, este livro é destinado apenas a *coaches* formados que têm dúvidas sobre como seguir em frente e servirá como um material de apoio que os ajudará a definir as melhores estratégias de atuação, a fim de garantir sua permanência nesse mercado que se reinventa constantemente.

O livro *Decola coach* é um guia desenvolvido para dar suporte ao seu negócio de *coaching* e com base 100% no programa de mentoria *online* intitulado *Decola coach* do IMC - Instituto Mentor Coach, que já ajudou centenas de profissionais em todo o Brasil a alavancarem suas carreiras e a viverem de *coaching*. Os mentores, além de contribuírem com artigos, estarão disponíveis para troca de conhecimentos e dicas poderosas a você que adquiriu este livro e quer arrasar nas sessões.

Com o programa de mentoria, o *coach* terá todo o conhecimento para colocar sua empresa para funcionar imediatamente porque, por trás dele, está uma equipe de mentores com grande experiência nos principais nichos de *coaching*, capazes de ajudá-lo a escolher os melhores roteiros com ferramentas que já foram testadas, aprovadas e seus resultados comprovados por pessoas, grupos ou empresas.

Além de auxiliá-lo no seu caminho rumo ao sucesso profissional, esta obra aumentará suas competências, para que possa realizar atendimentos de mais qualidade aplicando o *coaching* de forma responsável.

Também oferecerá sugestões de roteiros estruturados para que você elabore estratégias assertivas de entrada no mercado para seu negócio de *coaching* e tenha melhor compreensão do seu nicho de atuação, aumentando sua autoconfiança com mais empoderamento. O *Decola coach* o apoiará na construção de uma carreira sólida, sendo um *coach* responsável, comprometido, gerando valor e resultados para seus clientes.

Alessandra Smaniotto
Master Coach Senior & Trainer
Mentora de *coaches* e líderes

Decola coach

Sumário

Diferença entre *coaching* e *mentoring* 7
Alessandra Smaniotto

Sou *coach* e agora? 17
Alessandra Smaniotto

Modelo de negócios de sucesso do *coach* 31
Carla Scariot

Marketing* de alto impacto para *coaches 39
Helio Bernardon Junior

Coaching* de carreira ou *career coaching 47
Jucélia F. Pires

Coaching* de equipes ou *team coaching 53
Elisangela Nicoloso Brandli

Coaching group 61
Kátia Maldaner Tonello

***Coaching* empresarial: como essa metodologia pode transformar as organizações** 69
Renata Lemos

***Coaching* executivo** 77
Fabiana de Castro Oliveira

O segredo do *coaching* de vida revolucionário 85
Juci Nones

Leadership coaching 93
Lidiane Coelho

Como mudar o *mindset* com *coaching* 99
Leomar Junior

***Coaching* de emagrecimento** 107
Precila Zantedeschi Ferreira

A importância do autoconhecimento do *coach* 115
Sara Jane Rodel

**A arte da programação neurolinguística
no processo de *coaching*** 121
Anna Luiza Piccinin Buratto

**A importância da inteligência emocional
no mundo corporativo** 129
Joice Alessi

O poder está em mim 137
Daiane Dalla Valle Buzatto

**O poder de identificar o perfil
comportamental do *coachee*** 145
Cynthia Sales

Filmes e livros para *coaches* 153
Carmen Lúcia da Silva Giacomini

Dicas para uma poderosa sessão de *coaching* 161
Sara Pereira dos Santos

Decola coach

Capítulo 1

Diferença entre coaching e mentoring

Atualmente, o *coaching* é utilizado na maioria dos programas de desenvolvimento humano e é a profissão que mais cresce em todo mundo. Neste capítulo, você entenderá a diferença entre *coaching* e *mentoring*, assim como o papel do *coach* e do mentor. Também compreenderá todo o processo, o uso de outras metodologias aplicáveis por um *coach* profissional e a importância em desenvolver um trabalho com seriedade e responsabilidade para ser referência na área.

Alessandra Smaniotto

Decola coach

Alessandra Smaniotto

Presidente do IMC – Instituto Mentor Coach, *Master coach sênior* pelo BCI – Behavioral Coaching Institute, e *Master executive coach*. Especialista em *Executive and Business Coaching* e *Coaching* de Equipes. Formação em *Leadership Coaching* – Ohio University – EUA; UPW – *Unleash The Power Within* – Instituto Anthony Robbins – Califórnia – EUA; PNL pela NPL de Richard Bandler. Especialista na metodologia BMG (*Business Model Genaration*) e BMY (*Business Model You*). Administradora de empresas com MBA em Gestão de Pessoas, MBA em Gestão Empresarial e formação em Projetos. Formação em Moderador de Grupos e Multiplicador de Treinamentos. *Coach* de executivos com especializações em *Business & Executive Coaching*, somando mais de dez mil horas de atendimento a processos de *coaching: Life, Career, Business* e *Executive*. Palestrante na área comportamental, mais de dez mil horas na aplicação de treinamentos com foco na metodologia *coaching*. Coautora do livro *Coaching e capital humano*. Mentora do Programa Decola Coach com centenas de mentorados em todo o Brasil.

Contatos
alessandra@imentorcoach.com.br
YouTube: AlessandraSmaniotto
Instagram: AlessandraSmaniotto
Linkedin: AlessandraSmaniotto
Facebook: AlessandraSmaniottoCoach
(54) 3046-0075 / (54) 3046-0370

O que é *coaching*?

Coaching é a maior e melhor metodologia de desenvolvimento e capacitação humana existente na atualidade, e a carreira que mais cresce no mundo. É um processo que produz mudanças positivas e duradouras em um curto espaço de tempo, de maneira efetiva e acelerada. *Coaching* significa tirar um indivíduo de seu estado atual e levá-lo ao estado desejado, rápida e satisfatoriamente.

O processo de *coaching* é uma oportunidade de visualização clara dos pontos individuais, de aumento da autoconfiança e de quebrar barreiras de limitação, para que as pessoas possam conhecer e atingir seu potencial máximo e alcançar suas metas, de forma objetiva e, principalmente, assertiva. Conduzido de maneira confidencial, o processo de *coaching* é realizado por meio de sessões, quando o *coach* (profissional que conduz o *coaching*) tem a função de estimular, apoiar e despertar em seu cliente todo o seu potencial para que ele conquiste tudo o que deseja.

As sessões de *coaching* podem ser individuais ou em grupo, realizadas semanalmente, quinzenalmente ou mensalmente, e com duração, em média, de uma a duas horas. Já o processo de *coaching* pode contemplar de 8 a 12 sessões, que poderão ocorrer de 3 a 6 meses, a partir do que for definido em comum acordo entre *coach* e *coachee* (pessoa ou cliente que está sendo treinado). Por ser um processo completamente flexível, o *coaching* pode ser aplicado em qualquer contexto e direcionado a pessoas, profissionais das mais diversas profissões e empresas de diferentes portes e segmentos.

O *coach* fornece apoio, encorajamento e ajuda na conquista de habilidades para a vida diária. Oferece diretrizes, *feedback* e orientação para assegurar um bom desempenho. O *coach*, primeiro, ajuda a definir as metas e, depois, apoia o cliente para que ele possa alcançá-las, implementando uma estratégia, e assiste-o para que se mantenha dentro dela.

O *coaching* consiste em um relacionamento entre o *coach* e o cliente, em que ambos colaboram para atender às necessidades do cliente. O conteúdo a ser trabalhado é dado pelo cliente, que é, então, guiado e apoiado para efetuar as mudanças desejáveis em uma ou mais áreas de sua vida, a fim de que leve uma vida mais gratificante e equilibrada.

O processo de *coaching* é essencialmente uma conversa, em um contexto produtivo e orientado a resultados. Nessa conversa, que procede com a formulação de perguntas poderosas em momentos críticos, o *coach* pode encorajar e apoiar o *coachee* para que enxergue as situações por novos ângulos e seguindo estratégias diferentes.

Coaching está relacionado a manifestar seu melhor desempenho por meio da assistência individual e privada, ministrado por alguém que irá desafiá-lo, estimulá-lo e orientá-lo a continuar crescendo.

O *coach* ajuda as pessoas a identificarem metas específicas e a alcançá-las mais rápida e facilmente. Fornece ao *coachee* as ferramentas, as perspectivas e as estruturas necessárias para realizar mais, dentro de um processo de responsabilização. Realinha as crenças e estabelece um ponto sobre o qual o *coachee* deverá refletir. *Coaching* é um processo sistemático, colaborativo, focado em soluções e orientado a resultados, no qual o *coach* facilita a evolução do desempenho, do bem-estar, da aprendizagem dirigida à própria pessoa e do desenvolvimento particular de indivíduos, grupos e organizações.

O *coaching* é a arte de fazer acontecer

Você tem uma carreira profissional estruturada e busca resultados mais efetivos? Tem metas e sonhos, mas não coloca em prática? O que o impede de conquistar tudo isso? *Coaching* é uma maneira focada de desenvolver competências e habilidades e de impulsionar o desempenho das pessoas. Essa metodologia também pode ajudar o cliente a lidar com situações e desafios antes que se tornem grandes problemas.

A sessão de *coaching* é uma conversa entre o *coach* e o *coachee*, a fim de ajudá-lo a descobrir respostas em si. Afinal, as pessoas são muito mais propensas a se envolverem com as soluções que partem delas e não com aquelas que são impostas pelos outros.

Exemplos de perguntas que um processo de *coaching* pode ajudar a responder:

- O que devo fazer para ter ascensão na carreira?
- Quais competências preciso desenvolver para atender às expectativas do cargo que ocupo?
- Como melhorar meu relacionamento com pares ou uma pessoa específica?
- Como faço para me tornar um líder melhor?
- Como faço para mudar a imagem que construí e transformar em uma imagem melhor?
- Como posso aumentar os resultados da minha empresa?

- Como posso gerir melhor o meu tempo para conseguir tudo o que quero na vida?
- Como posso reduzir o estresse no meu trabalho ou na minha vida pessoal?
- Devo ou não abrir um negócio?
- Como faço para melhor a minha comunicação?
- Consigo perder o medo de falar em público?
- Como faço a sucessão de meu negócio?

Ao ajudar o seu *coachee* a responder estas perguntas e a atingir seus objetivos, o *coach* fará acontecer por meio do *coaching*. Lembrando que, no *coaching*, a direção do processo é dada pelo *coachee*, enquanto o *coach* não pode perder o foco do objetivo deste.

O que é *mentoring*?

Mentoring é uma palavra derivada do inglês e pode ser traduzida como mentoria, tutoria e, algumas vezes, como apadrinhamento. O termo descreve a ação do mentor, daquele que oferece conselhos e informações a um novato, jovem ou pessoa que não possui muita experiência em determinada área, para que essa possa se desenvolver e crescer profissionalmente.

O *mentoring* é uma prática valiosa dentro do meio empresarial e para processos de *coaching*. Isso porque contribui com o desenvolvimento humano, transferindo conhecimentos sutis e subjetivos aos mentorados (clientes), o que, por sua vez, resulta em mais assertividade em suas ações e maior competitividade no mercado.

Quem conduz o processo de *mentoring* é o mentor, o mestre, o professor, aquele que, por ser mais experiente e vivido, é capaz de indicar caminhos e apresentar soluções. Para ser esse mentor, a pessoa precisa desenvolver uma forte relação de confiança, ter aceitação, gostar de pessoas e, principalmente, estar conectado com o seu cliente, escutando-o e o aconselhando.

O mentor tem como função orientar o mentorado na organização de suas tarefas, de modo a atingir suas metas, dando, para tanto, instruções diversas. O mentor também protege o mentorado, cuidando para que esse não cometa erros que causem danos para si e para a empresa, assim como um pai auxilia seu filho quando esse está dando os seus primeiros passos. O mentor exporá o cliente a situações mais complexas, com mais responsabilidade, sempre com vistas a promover seu aprimoramento e aprendizado por meio de um olhar sistêmico, levando em consideração fatores racionais e emocionais.

Coaching e mentoring

O *coaching* resulta no desenvolvimento da capacidade e habilidade das pessoas que se submetem a essa técnica. O processo é conduzido por um *coach*, profissional credenciado e certificado para exercer tal função, em sessões que levam o indivíduo ou o grupo a atingir metas e objetivos, desenvolvendo a capacidade e despertando o potencial que existe em cada um. No processo de *coaching*, o cliente será orientado a planejar e estabelecer metas e prazos em busca de objetivos e resultados desejados tanto por ele quanto pela empresa em que trabalha. O cliente sairá do estado atual para o desejado e entrará em um processo de evolução contínua, em prol de suas metas.

Já o *mentoring* é um tipo de orientação, na qual um profissional mais experiente orienta os mais jovens. No *mentoring*, a condução é feita por um especialista em determinada área, que dará instruções, dentro de sua experiência, aos mais jovens, visando o crescimento profissional destes. Neste processo, não é estabelecido prazo, pois a condução é feita conforme a evolução da pessoa que contrata o serviço. Assim, ao contrário do *coach*, que ajuda o cliente a chegar às próprias conclusões e encontrar as respostas nele mesmo, o mentor indica caminhos objetivos ao mentorado.

DIFERENÇAS ENTRE UM PROCESSO DE *COACHING* E UM PROCESSO DE *MENTORING*

Pode-se conceituar um mentor como um guia, conselheiro ou pessoa com vasta experiência profissional. É compreensível que algumas pessoas pensem que *mentoring* e *coaching* são semelhantes ou a mesma coisa, mas eles não são. Seguem abaixo quatro diferenças importantes em relação a esses dois processos.

Primeira: *coaching* é orientado para a tarefa. O foco é sobre questões concretas, por exemplo, como gerenciar de forma mais eficaz ou falar mais articuladamente. É aprender a pensar estrategicamente e isso requer um especialista em conteúdo (treinador), que seja capaz de ensinar o *coachee* como desenvolver essas habilidades. Já *mentoring* é um relacionamento orientado pelo mentor com o objetivo de proporcionar um ambiente seguro para que as ações do mentorado promovam o seu sucesso profissional e pessoal. Embora as competências específicas ou os objetivos de aprendizagem possam ser usados como uma base para criar o relacionamento, o foco do *mentoring* vai além dessas áreas, incluindo questões como equilíbrio trabalho/vida, autoconfiança, autopercepção e influências pessoais do profissional.

Segunda: *coaching* é de curto prazo. O *coaching* dura de 8 a 12 sessões, dependendo da finalidade da relação ou do objetivo a ser alcançado com esse processo. Contudo, um treinador pode, com sucesso, ser envolvido com um *coachee* por um curto período de tempo, talvez, até mesmo, apenas algumas sessões. Enquanto que o *mentoring* é sempre desenvolvido a longo prazo, pois, para ser bem-sucedido, requer tempo para que os parceiros (mentor e mentorado) aprendam sobre o outro e criem um clima de confiança e um ambiente seguro, no qual o mentorado possa compartilhar os problemas reais que afetam o seu sucesso. Relações de orientações bem-sucedidas duram de 6 meses a 2 anos.

Terceira: *coaching* é desempenho. O objetivo é melhorar o desempenho do indivíduo em sua carreira ou em sua vida e isso envolve melhorar as habilidades atuais ou adquirir novas competências. Uma vez que o *coachee* adquire com sucesso as habilidades, o *coach* não é mais necessário. E o *mentoring* impulsiona o cliente para o desenvolvimento, sendo sua finalidade desenvolvê-lo não só para o trabalho atual, mas para o futuro.

Quarta: *coaching* não requer *design*. O *coaching* pode ser conduzido quase que imediatamente em um determinado tópico. Se uma empresa oferece treinamento para um grande grupo de indivíduos, certamente, há um projeto que objetiva determinar a área de competência, conhecimentos necessários e instrumentos de avaliação utilizados, mas isso não necessariamente exige um longo período de espera para realmente implementar o programa de *coaching*. *Mentoring* requer uma fase de concepção, a fim de determinar o objetivo estratégico para a orientação, as áreas de foco da relação, os modelos de mentores e os componentes específicos que orientarão o relacionamento e, especialmente, o processo de correspondência.

Fala-se em *coaching* quando:
- Ocorre uma fusão e se torna necessária a adaptação de culturas;
- A empresa está com baixo indicador de satisfação dos colaboradores;
- Uma companhia quer desenvolver seu time em competências específicas;
- A corporação tem funcionários talentosos que não estão satisfazendo às expectativas;
- Uma empresa não está atingindo suas metas de vendas;
- A companhia está introduzindo um novo sistema ou programa;
- Um líder ou executivo precisa de assistência para adquirir uma nova habilidade;
- Um profissional quer alavancar sua carreira;
- A empresa precisa traçar estratégicas inovadoras para seu negócio;
- Uma pessoa quer despertar seu potencial.

Fala-se em *mentoring* quando:
- Um profissional necessita desenvolver novas competências para gerir sua carreira com sucesso;
- A empresa precisa fazer um processo de sucessão;
- Uma companhia procura desenvolver seus diversos colaboradores para melhorar a *performance* e o clima organizacional;
- A corporação busca desenvolver mais completamente seus funcionários para a aquisição de habilidades/competências específicas;
- Uma organização procura manter a sua experiência interna para as gerações futuras;
- A empresa quer criar uma força de trabalho que equilibra o profissional e o pessoal;
- O líder precisa de um grau maior de *expertise* para nova fase do negócio;
- A pessoa não sabe qual direção seguir na carreira interna ou externa;
- O indivíduo ou a empresa precisa tomar uma decisão mais assertiva.

Tanto *coaching* quanto *mentoring* são processos que permitem aos clientes individuais e corporativos atingir seu pleno potencial e são extremamente válidos para elevar a empresa ou o profissional que busca estes meios ao próximo nível, ou seja, à alta *performance*.

Coaching e o uso de outras metodologias

É comum ouvir dizer que *coaching* virou moda, que todo mundo é *coach*, que a empresa X passou por um processo de *coaching* e não foi bom, que uma pessoa foi atendida por um *coach* que não empregou as técnicas adequadas. Talvez você até já tenha ouvido falar que "qualquer um que não deu certo na vida, agora, virou *coach*". Enfim, você já deve ter ouvido muita coisa e, na maioria das vezes, o *coaching* é confundido com outras metodologias e, além disso, alguns profissionais de desenvolvimento usam o *coaching* aliado a outras técnicas e, por não esclarecerem a diferença entre uma e outra técnica empregada, os clientes ficam confusos.

A seguir, seguem algumas das principais metodologias que geralmente são confundidas, por serem aplicadas por profissionais que também são *coaches*:

Hipnose: é um estado semelhante ao sono, gerado por um processo de indução, no qual o cliente fica muito suscetível à sugestão do hipnotizador. A hipnose é uma técnica de indução ao transe, que é um estado de relaxamento semiconsciente. O transe é induzido de modo gradual e por etapas, por meio da fadiga sensorial, geralmente provocada pela voz calma, monótona, rítmica e persistente do hipnotizador, muitas vezes, aliada a recursos óticos como pêndulos, luzes, entre outros, que visam cansar os órgãos da visão do paciente. Quando o transe se instala, a sugestibilidade do paciente é aumentada. A hipnose leva, então, a várias alterações da percepção sensorial, das funções intelectuais superiores, da exacerbação da memória, da atenção e das funções motoras. Há uma alteração do estado da consciência, que simula o sono, mas que é o estado de vigília. Pode-se afirmar também que a sensibilidade à hipnose é mais ou menos geral, 90% das pessoas são hipnotizáveis.

Constelação: é o nome dado ao método criado por Bert Hellinger para verificar dinâmicas que ocorrem dentro de um sistema. Por sistema, compreende-se tudo aquilo formado por mais de uma pessoa e que se influencia mutuamente. A Constelação Sistêmica é o nome geral que engloba Constelação Familiar, Direito Sistêmico, Saúde Sistêmica, Pedagogia Sistêmica, Constelação Organizacional, entre outros. A Constelação Sistêmica tem entrado cada vez mais na vida das pessoas. Em todo o mundo, esse método tem auxiliado os indivíduos na busca de uma vida mais leve e mais significativa. A Constelação Familiar também tem ajudado milhares de pessoas em todo o mundo a transformarem suas vidas.

A Programação Neurolinguística (PNL): estuda a estrutura da experiência subjetiva, descreve e desenvolve algumas ferramentas específicas que podem ser eficazmente aplicadas em qualquer interação humana. É o estudo dos processos conscientes e inconscientes que se combinam para permitir que as pessoas façam o que fazem. Com a PNL, pode-se melhorar relacionamentos pessoais ou profissionais, eliminar um comportamento, gerenciar estados emocionais, melhorar a comunicação ou tornar-se mais competitivo no mercado de trabalho. Cada pessoa possui uma estratégia mental diferente e habilidades e capacidades diversas que geram seus comportamentos desejados ou não. Comportamentos e hábitos que executamos são programas. A PNL atua sobre comportamentos e programação de novos comportamentos. Como a PNL, atrelada ao *coaching*, auxilia muito nos processos de desenvolvimento, teremos neste livro um artigo que esclarece como a PNL pode ser aplicada no processo de *coaching* e ajudar nos resultados do processo.

É importante salientar que, como *coaches*, temos a obrigação de esclarecer ao cliente/*coachee* quais as técnicas que utilizaremos no programa e que serão empregadas junto com a metodologia *coaching* para potencializar os resultados e possibilitar-lhe mais benefícios, de modo a clarear o que é o *coaching* e acabar com as distorções referentes ao método.

Decola coach

Para ser um *coach* de alta *performance*, é preciso ser sério e responsável, destinar tempo para estudo, ter disciplina para seguir o método e apresentar resultados para garantir a eficácia do seu trabalho. Foi assim que construí meus dez anos de experiência e isso garantiu o meu sucesso e fez com que me tornasse uma das principais *coaches* na área executiva do Brasil. Esse histórico profissional e os resultados gerados para os meus clientes possibilitaram minha contratação pelas maiores empresas do Brasil e por grandes CEOs, presidentes e diretores. Trabalhar de forma séria e responsável, e usando as estratégias corretas para prospecção de clientes, fará de você também um profissional de referência! Lembre-se: atitude impulsiona! Seja imparável!!!

"Não fazer mais do que a média é o que mantém a média baixa."
William Winans
Empreendedor americano

Referências
CARVALHO, Glaucia Passarelli. *Diferença entre aconselhamento, coaching, mentoring, consultoria, terapia e treinamento*. Disponível em: <http://www.administradores.com.br/artigos/negocios/diferenca-entre-aconselhamento-coaching-mentoring-consultoria-terapia-e-treinamento/101315/>. Acesso em: 07 dez. de 2018.
HIPNOSE PERNAMBUCO. *O que é a hipnose?* Disponível em: <https://hipnosepernambuco.com.br/o-que-e-a-hipnose/>. Acesso em: 07 dez. de 2018.
IPÊ ROXO INSTITUTO. *Constelação familiar e sistêmica segundo Bert Hellinger*. Disponível em: <https://iperoxo.com/2017/07/27/17-fundamentos-que-lhe-ajudarao-a-compreender-a-constelacao-familiar-sistemica-de-bert-hellinger/>. Acesso em: 07 dez. de 2018.
INSTITUTO PSIQUE. *PNL: o que é e como funciona?* Disponível em: <https://www.institutopsique.com.br/artigos/175-pnl-o-que-e-e-como-funciona>. Acesso em: 07 dez. de 2018.
JOSEPH, O' Connor; ANDREA, Lages. *Coaching com PNL: o guia prático para alcançar o melhor em você e em outros*. Rio de Janeiro: Qualitymark, 2008.

Decola coach

Capítulo 2

Sou coach e agora?

Neste capítulo, você identificará as principais competências para se tornar um *coach* de sucesso e uma série de exercícios para impulsionar sua carreira por meio do empoderamento e da autoconfiança. Também terá a oportunidade de elaborar o seu planejamento estratégico com a matriz *Swot* e elaborar a sua missão, visão e valores. Ao final deste artigo, estará muito mais consciente do seu propósito como *coach* e terá definido as ações necessárias para atingir suas metas.

Alessandra Smaniotto

Alessandra Smaniotto

Presidente do IMC – Instituto Mentor Coach, *Master coach sênior* pelo BCI – Behavioral Coaching Institute, e *Master executive coach*. Especialista em *Executive and Business Coaching* e *Coaching* de Equipes. Formação em *Leadership Coaching* – Ohio University – EUA; UPW – *Unleash The Power Within* – Instituto Anthony Robbins – Califórnia – EUA; PNL pela NPL de Richard Bandler. Especialista na metodologia BMG (*Business Model Genaration*) e BMY (*Business Model You*). Administradora de empresas com MBA em Gestão de Pessoas, MBA em Gestão Empresarial e formação em Projetos. Formação em Moderador de Grupos e Multiplicador de Treinamentos. *Coach* de executivos com especializações em *Business & Executive Coaching*, somando mais de dez mil horas de atendimento a processos de *coaching*: *Life*, *Career*, *Business* e *Executive*. Palestrante na área comportamental, mais de dez mil horas na aplicação de treinamentos com foco na metodologia *coaching*. Coautora do livro *Coaching e capital humano*. Mentora do Programa Decola Coach com centenas de mentorados em todo o Brasil.

Contatos
alessandra@imentorcoach.com.br
YouTube: AlessandraSmaniotto
Instagram: AlessandraSmaniotto
LinkedIn: AlessandraSmaniotto
Facebook: AlessandraSmaniottoCoach
(54) 3046-0075 / (54) 3046-0370

A palavra *coaching* vem do termo inglês *"coach"* e significa treinador. Esse treinador tem o objetivo de encorajar e motivar o seu cliente a atingir um objetivo, ensinando novas técnicas que facilitem seu aprendizado, bem como define os pontos que contribuem e os que impedem a realização de um objetivo. O processo auxilia as pessoas a terem uma visão mais ampla sobre os seus objetivos e autoconhecimento suficiente para a tomada de decisões mais assertivas.

É muito importante que você tenha clareza de que *coaching* não é terapia. O *coaching* tem a finalidade específica de ajudar o profissional a se desenvolver e atingir determinadas metas. Enquanto que a terapia trata de questões emocionais e que têm ligação com outras pessoas da sua vida. Portanto, os processos possuem objetivos completamente diferentes.

Todo o processo de *coaching* deve ser levado muito a sério, independentemente do nicho em que você atua. Você, *coach*, deve levar em consideração que, em primeiro lugar, estão as pessoas, os seus clientes. Costumo dizer que, no processo de *coaching*, o *coach* é amigo da meta. Ou seja, ele deve estar comprometido com a meta do *coachee*, pois ela é o objetivo das sessões e os resultados somente virão se o foco de ambos for o mesmo.

Durante o processo de *coaching*, as crenças do *coach* ("achismos", amarras, o que acredita que deveria ser, o que acredita que o *coachee* deveria fazer) e medos devem ser silenciados. O que está em pauta é a crença do *coachee*, seus anseios e seus medos e a necessidade de fazer com que ele tenha consciência disso tudo e da maneira como, por exemplo, vai fazer para que isso não o impeça e para desenvolver e maximizar o que possui de melhor, minimizando, assim, possíveis sabotadores.

A partir do momento que as crenças do profissional são postas em jogo, quem está em evidência é o *coach*, e não o *coachee*, e isso comprometerá todo o processo e, por consequência, dificilmente os resultados virão. As reflexões, respostas e soluções, se encontradas baseadas no que o *coach* tem como verdade, não possuem fundamento. Aquele momento é do *coachee*!

Outro aspecto importante no *coaching* é saber o momento de encerrar um processo. O profissional que estiver atuando com o *coachee* deve saber fazer esta avaliação. Exemplos de processos que devem ser encerrados:

- Quando o *coach* identifica que o *coachee* necessita de outro tipo de método, como, por exemplo, terapia, no caso dele não estar habilitado para fazê-lo;
- Quando já houve inúmeras tentativas e o *coachee* não se compromete com as tarefas;
- Quando o *coachee* estiver sendo obrigado pela empresa a fazer o processo e não aceita a metodologia;
- Quando houver conflito de interesses;
- Quando os acordos entre *coach* e *coachee* não estiverem sendo respeitados.

Antes de iniciar um processo, o *coach* precisa realizar uma entrevista detalhada com o futuro *coachee*, avaliando sua condição atual para dar início ao processo. Além disso, deve avaliar sua própria capacidade e seus limites como *coach*, devendo sempre levar em conta os benefícios para seu cliente. Inicialmente, o *coachee* pode parecer apto a iniciar um processo de *coaching*, mas, no decorrer deste, podem surgir "bandeiras vermelhas" (estados emocionais ou questões comportamentais difíceis ou que poderiam comprometer o processo) e, nesse caso, o processo de *coaching* deve ser interrompido e o *coachee* encaminhado a um profissional adequado.

Competências do *coach*

Para se tornar um profissional bem visto e reconhecido, é preciso se desenvolver de maneira completa, adquirindo competências tanto técnicas quanto comportamentais. As competências técnicas são aquelas obtidas com a faculdade, cursos, treinamentos, palestras, congressos, livros, entre outras fontes de conhecimento. Já as competências comportamentais são conquistadas a partir do autoconhecimento, caminho que proporciona a compreensão e domínio sobre suas próprias habilidades, capacidades, oportunidades de melhoria e potencialidades.

O fato de você ser um excelente profissional em alguma área não significa que você é um bom *coach* nessa mesma área, mas poderá vir a ser se treinar as competências necessárias. Um *coach*, em primeiro lugar, deve ter uma visão estratégica para que possa estabelecer um plano de ação junto do seu *coachee* e deve esclarecer de imediato até onde poderá ir a sua intervenção e que outras áreas deverão ser apoiadas por um consultor, um psicólogo, entre outros profissionais, para que não sejam geradas expectativas. Ainda, o *coach* deve ter a habilidade e o conhecimento para compreender e ajudar naquilo que o *coachee* procura, sendo estabelecidos critérios claros do processo entre ambos, para se chegar ao objetivo que é proposto.

É fundamental estabelecer um clima de confiança e proximidade e haver respeito mútuo. O *coach* deve ser capaz de não manifestar qualquer tipo de opinião verbal ou não verbal pelo aspecto do seu *coachee*, valores ou outros pontos que possam criar uma barreira e impedir um contato confiante entre ambos durante as sessões de *coaching*. O *coach* deve ser visto pelo *coachee* como um parceiro, que está naquela função para ajudá-lo.

Outro aspecto está na escuta ativa, então, o *coach* necessita ter a atitude de permanente escuta ativa junto do seu cliente, percebendo o que ele diz ou, na realidade, quer dizer, e estando sempre atento a sinais não-verbais e seus respectivos significados.

As questões devem ser feitas pelo *coach* de forma aberta e, consequentemente, imparcial, o que requer um forte domínio da comunicação. Dessa forma, o *coachee* nunca sentirá que existe alguma resposta certa ou errada, sendo levado a responder o que, de fato, pensa.

Diante de todas as informações que o *coachee* oferece durante as várias sessões, o *coach* deve construir um *feedback* para que ele entenda a existência de outras realidades diferentes da sua, perceba as suas potencialidades e fragilidades, e encontre, assim, respostas para que possa traçar com sucesso um caminho para aquilo que se propõe, agindo com mais confiança e convicção do que o futuro pode reservar-lhe.

Para identificar se você possui as competências necessárias a um *coach*, faça uma breve reflexão e o exercício abaixo. Para cada uma das competências indicadas, utilize a escala gráfica: de 0 a 10, quanto você acredita que atende esta competência?

- **Comunicação:** você demonstra habilidades em saber ouvir, perguntar, estabelecer empatia e gerar novas opções e entendimentos? (0 a 10): R: _____.

- **Motivação:** você sabe motivar, apoiar, entusiasmar, suportar e aumentar o nível de autoconfiança e autoestima? (0 a 10): R: _____.

- **Planejamento:** você consegue gerar foco, planejar, traçar planos de ação, criar indicadores de medição e monitorar resultados? (0 a 10): R: _____.

- **Transformação:** você promove melhoria contínua, mudança e transformações pessoais aplicando o ciclo PDCA (*Plan, Do, Check, Act*)? (0 a 10): R: _____.

- **Visão sistêmica:** você consegue entender os processos descritos pelo *coachee* e contribui para a estruturação das etapas para gerar resultados? (0 a 10): R: _____.

- **Ética e caráter:** você demonstrou ética e caráter durante as sessões? (0 a 10): R: _____.

- **Não julgamento:** você consegue se manter neutro, livre de julgamento e preconceitos durante todas as sessões? (0 a 10): R: _____.

- **Foco no futuro:** você gerou sempre foco no futuro e nos resultados desejados e definidos pelo cliente? (0 a 10): R: _____.

- **Ação:** você promoveu fortemente a ação do cliente, motivando-o para executar as tarefas? (0 a 10): R: _____.

- **Honrar e respeitar:** você honra e respeita a história e as expectativas do *coachee*? (0 a 10): R: _____.

Após esta breve análise, caso acredite, invista em seu diferencial competitivo e elabore um plano de ação para desenvolver as competências que você acredita que farão sentido, no intuito de ampliar a sua *performance* como *coach*.

A importância do empoderamento e da autoconfiança

Aprendemos a nos empoderar como *coaches* quando abandonamos as fantasias infantis, oferecendo espaços para o desenvolvimento da segurança interna que nos permite resolver, expressar ou comunicar aquilo que incomoda, sem medo da reprovação, das consequências, do desagrado, da crítica, da rejeição ou das reações negativas por parte do outro. Um *coach* empoderado promoverá um excelente processo de *coaching* e, para o empoderamento ser efetivo, a base é o autoconhecimento.

Não é possível sempre dizer sim enquanto o desejo é dizer não, porque todo ser humano tem direito de se expressar, contrariar e simplesmente não querer! Não é possível sempre sorrir sem desejar e agradar quando não se tem vontade. Se está ruim, é preciso forças para mudar e sair do lugar que já não serve mais. Você, como *coach*, perceberá estas reações emocionais de seu *coachee* e será seu papel ajudá-lo a se conhecer e entender os processos que permitem a autossabotagem ou o surgimento das crenças limitantes. No processo de *coaching*, estes dois fatores surgem, principalmente, no início do processo.

Alessandra Smaniotto

Algumas vezes, a gente perde, em outras, ganha e, na maioria das vezes, aprende. Todo processo de *coaching* é aprendizado. Nós somos os maiores conhecedores das nossas necessidades, fraquezas e pontos cegos, portanto, a mudança está dentro de nós; basta a coragem para olhar e enfrentar o que, de fato, precisa ser olhado e ajustado. Então, avalie-se constantemente, pois o *coach* que deixar de olhar para si fica em um ponto cego e, provavelmente, falhará em algum momento com seu *coachee*.

Muitas vezes, focamos no fútil, no outro ou no desnecessário, como forma de não lidar com o nosso íntimo, com os nossos problemas e conflitos, às vezes, rotulados como algo sem solução e, por isso, deixamos de acreditar em nosso potencial. Viver sempre direcionado para o outro, na busca incessante e cansativa de aceitação, aprovação e validação não é garantia de uma boa autoestima.

Não é possível viver esperando que o outro preencha as necessidades emocionais e falhas que carregamos, de modo capenga, desde muito cedo. Isso é um problema nosso e deve ser resolvido com um único alguém: nosso EU. Como *coaches*, precisamos do outro, mas de modo saudável, ou seja, para amar, ser amado, dividir, dar risadas, ouvir, falar, abraçar, beijar, compreender, ser compreendido, apoiar, ser apoiado, desejar e tantas outras coisas positivas, mas não confunda isso tudo com dependência. A dependência aprisiona, controla, sufoca, enfraquece, distancia, amargura e, por fim, joga o sujeito no canto da solidão, totalmente só, porque não aprendeu a viver consigo mesmo e com o outro.

Portanto, a condição essencial para o sucesso profissional como *coach* é ter relações positivas, seja amorosa, familiar, social, profissional ou, até mesmo, consigo, e isso requer uma longa jornada rumo ao autoconhecimento, desenvolvimento pessoal e empoderamento de si.

A autoconfiança é uma combinação entre autoeficácia e autoestima. A autoeficácia é o sentido ou crença interna de que podemos cumprir diferentes tarefas ou metas ao longo da vida e isso é premissa básica para o profissional *coach*. A autoestima é semelhante, mas está mais relacionada à crença de que geralmente somos competentes no que fazemos e que merecemos ser felizes. Um *coach* autoconfiante gosta de si mesmo, está disposto a assumir riscos para alcançar os objetivos pessoais e profissionais e pensa positivamente sobre o futuro. Por outro lado, um *coach* que não tem autoconfiança costuma sentir que não é capaz de atingir seus objetivos e tende a apresentar um ponto de vista negativo sobre si e sobre o que espera conseguir na vida, sendo essa postura um fator dificultador para a profissão que escolheu e incongruente com a prática da metodologia *coaching*. Então, pergunte-se: como você se vê? Como está a sua autoconfiança?

Nós costumamos perceber a realidade por meio de condicionamentos por crenças e valores aprendidos. Durante toda a vida, quando nossos pensamentos e sentimentos são negativos e limitantes, influenciam diretamente a nossa realidade. Somos o que pensamos, devido à frequência que os sentimentos e emoções geram por meio do pensamento, e isso atrai a força magnética na mesma proporção. Por isso, o *coach* deve ter uma percepção positiva e entusiasmada da realidade, para construir, consciente ou inconscientemente, por meio dos pensamentos, o estado ideal para poder cumprir com seu principal papel que é o de ajudar as pessoas a atingirem seus objetivos.

Um *coach* que não está em paz consigo enxerga o mundo sob a ótica negativa e vê defeito em tudo o que faz, assim, dificilmente, se sentirá realizado com o atingimento dos objetivos de seu *coachee*. Do contrário, um *coach* que se conhece, se aceita e pensa positivo vibrará com cada conquista e fará do objetivo do *coach* o seu e, como resultado, haverá alta *performance* para ambos.

Reconhecendo a sua essência e planejando seu futuro

Vamos fazer uma autoanálise sincera, que reconheça sua essência e esteja alinhada com a sua missão pessoal e profissional? Em um primeiro momento, a ideia pode parecer estranha, mas acredito que a lógica usada pelas empresas para avaliarem seus ambientes e forças/fraquezas e, assim, se estruturarem para o futuro tem relação com o planejamento de sua carreira como *coach*. Pense na sequência apresentada e busque visualizar as respostas e, após, inicie a sequência de exercícios:

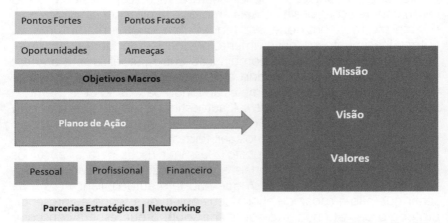

Figura 1 - Mapa estratégico

Análise situacional: inicie este exercício aplicando a ferramenta Matriz SWOT, ficará mais fácil construir seu mapa estratégico para, depois, direcionar onde pretende chegar:

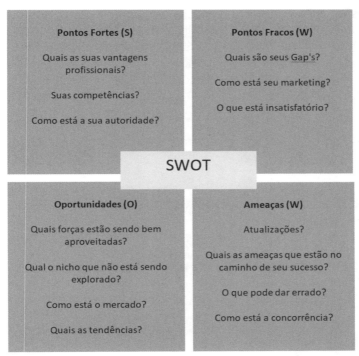

Figura 2: Matriz Swot

Preencha os campos abaixo:

Pontos Fortes	Pontos Fracos

Oportunidades	Ameaças

Decola coach

Visão: após concluir sua análise dos pontos fortes, pontos fracos, oportunidades e ameaças, estabeleça sua visão de longo prazo. Onde você quer chegar? Responda os seguintes questionamentos:

1. No que sua empresa de *coaching* quer se tornar?

2. Para qual direção, nicho de mercado, deseja apontar seus esforços?

3. Quanto está disposto a investir nisso?

4. Em quanto tempo espera atingir o estado desejado?

5. Quem pretende atender?

6. Refletindo sobre todos os itens acima, escreva a declaração de visão de sua empresa de *coaching*:

_____
_____
_____
_____
_____
_____
_____
_____

A visão estabelece aonde se quer chegar e o que se quer ser ou fazer.

Missão: ao responder às perguntas abaixo, reflita sobre o que vem a ser a missão de sua empresa de *coaching*:

1. Quais serviços sua empresa oferece?

2. Qual a contribuição ou importância desses serviços para a sociedade?

3. Qual a posição no mercado sua empresa quer ter na oferta desses serviços?

4. Qual será o diferencial na sua oferta para o mercado e para a sociedade?

5. O que seria do mercado sem o seu serviço?

6. Refletindo sobre todos os itens acima, escreva a declaração de missão de sua empresa:

_____
_____
_____
_____
_____
_____
_____

A missão deve ser descrita, de preferência, com uma única frase e de fácil assimilação.

Decola coach

Valores: os valores são os princípios éticos que definem os comportamentos desejados dentro de uma empresa, facilitam a colaboração entre os integrantes da mesma, auxiliam no comprometimento com o mercado e a sociedade e expressam o seu DNA.

Ao responder às perguntas abaixo, reflita sobre quais são os **valores** de sua empresa de *coaching:*

1. O que sua empresa considera como intolerável?

2. Qual ou quais as principais qualidades que distinguem seu serviço ou a qualidade do seu produto?

3. O que se espera dos colaboradores da empresa?

4. Qual a história de sua empresa, como surgiu, de onde veio, sócios-fundadores?

5. Refletindo sobre todos os itens acima, escreva uma lista com, no mínimo, cinco valores de sua empresa:

1. _____
2. _____
3. _____
4. _____
5. _____
6. _____
7. _____

Nossos valores norteiam nossas crenças, que, por sua vez, determinam as nossas atitudes.

Plano de ação: chegou o momento de elaborar seu plano de ação. Defina, pelo menos, 3 objetivos para cada área de sua vida com meta, prazo de execução e evidência:

Pessoal
Objetivo 1: _____

Meta_____ Prazo_____ Evidência_____

Objetivo 2: _____

Meta_____ Prazo_____ Evidência_____

Objetivo 3: _____

Meta_____ Prazo_____ Evidência_____

Profissional
Objetivo 1: _____

Meta_____ Prazo_____ Evidência_____

Objetivo 2: _____

Meta_____ Prazo_____ Evidência_____

Objetivo 3: _____

Meta_____ Prazo_____ Evidência_____

Financeiro
Objetivo 1: _____

Meta_____ Prazo_____ Evidência_____

Objetivo 2: _____

Meta_____ Prazo_____ Evidência_____

Objetivo 3: _____

Meta_____ Prazo_____ Evidência_____

Decola coach

Parcerias-chave / *Network*: quem são as pessoas, entidades ou empresas que poderão, direta ou indiretamente, auxiliá-lo no crescimento de seu negócio? Faça uma lista, identificando um a um:

1. _____
2. _____
3. _____
4. _____
5. _____
6. _____
7. _____
8. _____
9. _____
10. _____

Parabéns!!! Ao exercitar seus conhecimentos, seu empoderamento e autoconfiança ativaram-se, atingindo um pico de motivação e *performance* que irão impulsioná-lo para o próximo nível. Ao concluir este capítulo, você já está com o planejamento estratégico de sua empresa bem desenhado. Chegou o momento de partir para a ação e o próximo capítulo ajudará você a elaborar o seu modelo de negócios. Desejo muito sucesso a você *coach* nesta jornada de sucesso! Decola *coach*!!!

"Você pode ter desculpas ou resultados, nunca os dois."
Anthony Robbins

Decola coach

Capítulo 3

Modelo de negócios de sucesso do coach

Modelo de negócios é o passo inicial para que o seu negócio seja sustentável, e para você, *coach*, ser bem-sucedido! Aqui, vamos conhecer o seu público-alvo, a sua forma de comunicação, proposta de valor, receitas e despesas, dentre outros, além de exaltar os seus pontos fortes e talentos, impulsionando-os para o seu crescimento e sucesso.

Carla Scariot

Carla Scariot

Empresária, empreendedora, especialista em desenvolvimento humano, com ênfase em Psicologia Positiva e desenvolvimento de negócios, com foco em resultados. Vivência na área de negócios financeiros há nove anos, atua em gestão de estratégia e vendas consultivas, gestão de negócios e relacionamento. *Master Executive Coach*, *Coach* de Grupos e Equipes; *Coaching* e *Mentoring* pelo IMC. *Master Coach* Ontológico – Instituto UNO/Aphana. Ambima CPA 10 e CPA 20 – 2017. *Personal Positive Coach* – especialista em Psicologia Positiva; *Career Coach* – SBCoaching; Academia da Produtividade, 2016. CVS – Como Vender Serviços – Yassaka, 2016. Membro da HSAcademy, desde 2016, como mentora do programa *Accountability*. *Personal & professional coach* – SBCoaching, graduação e pós-graduação – Faculdade IDEAU.

Contatos
coachcarlascariot@gmail.com
Facebook: Carla Scariot Coach
Instagram: Carla_scariot
LinkedIn: Carla Scariot
(54) 99162-2439

Agora que você já sabe o que é o *coaching* e a mentoria, está na hora de estruturar o seu modelo de negócios! Mas, afinal de contas, o que é e como funciona a prática para *coaches* de sucesso?

O meu convite para você, neste momento, é dedicar algumas horas do seu dia para desenhar e definir, passo a passo, o seu modelo de negócios. Ele evidenciará o seu público-alvo, comunicação, proposta de valor, receitas e despesas, dentre outros, além de exaltar os seus pontos fortes e talentos, impulsionando-os para um crescimento pessoal e profissional. Vamos lá?

Você sabe o que é um modelo de negócios? Este termo é muito utilizado em empresas onde, de forma clara e visual, é descrita a lógica de como uma organização cria, entrega e captura valor aos seus clientes, desenhando passos para alcançar o seu público-alvo, criar relacionamento, entregar valor, dentre outros aspectos que trabalharemos neste capítulo do livro.

Os nove blocos do modelo de negócios são:
1. **Clientes**;
2. **Propostas de valor**;
3. **Canais**;
4. **Relacionamentos com clientes**;
5. **Atividades-chave**;
6. **Recursos principais**;
7. **Parcerias estratégicas**;
8. **Estrutura de custos**;
9. **Fonte de receita**.

Um modelo de negócios não deve excluir um planejamento completo, incluindo uma análise de mercado detalhada. Na realidade, ambos se complementam. A grande vantagem do modelo de negócios desenvolvido a partir do Canvas é estudar os nove pontos e colocá-los em apenas uma folha, deixando-os sempre em mãos para consultas, ajustes e clareza do caminho a ser seguido.

Para ser ainda mais útil, faz-se necessário que o mesmo seja simples, relevante e extremamente compreensível, mas também não simples demais para esconder as complexidades do seu negócio de *coaching*.

Decola coach

Os profissionais da área de *coaching*, assim como muitas empresas, são afetados pelos fatores ambientais externos e econômicos, que vão além do nosso controle. Sendo assim, como podemos manter o nosso sucesso e a satisfação, bem como transmitir isso ao nosso público-alvo?

O seu modelo de negócios de *coaching*, descrito claramente, dará a você o poder de manter o seu sucesso e a sua satisfação! Então, vamos lá, mãos na massa para começar!

Fonte: Business Model Generation - Inovação em Modelo de Negócios - 2011.

Você precisará de:

- ☑ Modelo do Canvas, em folha tamanho A0 ou A1;
- ☑ Lembretes autoadesivos;
- ☑ Canetas;
- ☑ Muita criatividade, imaginação e conhecimento do seu negócio e do mercado.

Segmento de clientes

Clientes são a razão pela qual a empresa existe, o coração do empreendimento, afinal de contas, sem eles, nenhum negócio sobrevive, mas, além de clientes pagantes, sugiro, inicialmente, também buscar clientes não pagantes, os quais poderão ser essenciais para o início do seu sucesso e reconhecimento, também conhecidos por *cases* de sucesso, que gerarão rendas e receitas posteriores pelos resultados obtidos com o processo.

Além disso, se faz necessário saber que clientes diferentes requerem diferentes valores, canais ou relacionamentos personalizados. E, para ajudá-lo, vale começar a conhecer onde o seu cliente potencial de *coaching* está inserido, como são os seus hábitos, rotinas, gostos, entre outros. Quem são seus clientes-alvo: pessoas físicas ou empresas? Você conhece o seu cliente extremamente bem, a ponto de gerar conteúdo e valor para que ele se torne cliente pagante?

Proposta de valor

A tomada de decisão da maioria das pessoas baseia-se em benefícios e ganhos, e esse item evidenciará os resultados que o seu cliente terá com o seu produto ou serviço. E, na prática, é importante responder algumas perguntas para estruturar esse item, tais como:

- O que o seu serviço oferece?
- O que você entrega aos seus clientes?
- Quais necessidades do cliente serão satisfeitas com o seu serviço?
- Quais problemas dos clientes você ajudará a solucionar?
- Quais serviços diferenciados serão ofertados ao seu cliente? Lembrando que cada cliente é único e possui necessidades personalizadas, de acordo com o segmento em que o mesmo está inserido.
- Por que ele deverá contratá-lo, ao invés de escolher qualquer outro serviço do concorrente?

Podemos citar algumas palavras-chave como, por exemplo: novidade, redução de riscos, funcionalidade, *performance*, dentre inúmeras outras, de acordo com o seu segmento.

Canais

Os canais são as formas de comunicação com o seu cliente ou potencial cliente. Lembra que, em itens anteriores, falamos sobre o seu cliente-alvo? Agora, desenharemos como o cliente chegará até você! Então, vale responder algumas questões:

- Por quais canais de comunicação e distribuição os seus clientes-alvo querem ser alcançados?
- Quais canais você utiliza hoje para alcançar os seus clientes? Se ainda não utiliza nenhum, vamos desenhar juntos quais você utilizará para comunicar os seus serviços.
- Como os canais que você utiliza neste momento lhe trazem futuros clientes e quais funcionam melhor na sensibilização, prospecção, geração de valor, avaliação para tomada de decisões, decisão de compra, entrega e andamento do processo e pós-venda dos seus serviços?
- Como esses canais de relacionamento estão ligados à rotina do seu público-alvo?
- Como mensurar o custo de atração e captação do seu cliente?

Com essas perguntas respondidas, o seu canal de relacionamento com o seu futuro cliente ficará claro, bem como suas ações serão direcionadas e estratégicas, com taxas de atração e conversão significativas.

Relacionamentos com os clientes

Esse item importante do seu negócio pode ser ajustado no decorrer do crescimento do mesmo, mas, neste momento inicial ou de reestruturação, é necessário definir como será o seu relacionamento com o cliente, conhecer o que ele espera de você e dos seus serviços, de forma constante e construtiva, que gere um relacionamento de confiança, segurança, profissionalismo e ética. Pensando nisso, como o seu cliente-alvo gosta de se relacionar com pares, fornecedores? Eis aqui um ponto de atenção para ser assertivo desde o início.

Principalmente, como agregar esse item ao restante do seu modelo de negócios? A sua proposta de valor está alinhada ao seu segmento de clientes? Todas as ações e estratégias estão alinhadas, com foco? Se a sua resposta foi sim, ótimo, vamos para o próximo item. Se a resposta for não, vale retornar ao início e revisar os itens anteriores do seu modelo de negócios.

Fontes de receita

Eis que, neste momento, nos deparamos com algumas perguntas, dentre elas: quanto devo cobrar pelo meu processo de *coaching*? Como posso facilitar o pagamento para os meus clientes? Estou perdendo clientes, por não ser assertivo em transmitir o meu valor para eles, que acabam alegando ser muito caro o processo? Sempre lembrando que há uma grande diferença entre valor e preço, tanto para nós, *coaches*, quanto para nossos clientes. Algumas perguntas são essenciais e precisam ser respondidas neste item:

- Com o meu público-alvo já definido, qual valor os meus futuros clientes estão dispostos a pagar para ter novos resultados na vida?
- Quais serviços ou produtos eles consomem atualmente, e quanto pagam por eles?
- Quais as formas mais usuais de pagamento que eles utilizam?
- Como cada item compõe a minha fonte de receitas, contribui para a geração da receita total do meu negócio de *coaching*?
- A minha fonte de receita está restrita apenas a um tipo de serviço? É possível criar uma fonte de renda recorrente com o *coaching*?
- O meu processo de *coaching* permite que eu preste um acompanhamento diferenciado ao meu cliente, que vai além do curto prazo, para que eu garanta entradas de valores constantes e resultados mais impactantes?

Com todos esses itens respondidos, vamos partir para o item despesas, que complementará a sua estrutura de receitas e despesas do negócio, logo a seguir.

Recursos principais e estratégicos

Dentro da linha dos recursos principais, há quatro tipos que devemos considerar: humano, físico, intelectual e financeiro. Cada item com a sua respectiva importância e complementariedade, pois um negócio sem pessoas torna-se insustentável, sem estrutura física. Por mais reduzida que seja, não consegue operar com sucesso e clareza. Se a estrutura intelectual for limitada, o meu serviço também fica limitado, e não obtenho o sucesso que almejo. E, o quarto item, o financeiro, é o que sustenta tudo, pois é complementar aos demais: tenho clientes gerando receita, com estrutura física adequada ao meu público-alvo e tenho total domínio e conhecimento sobre a minha área de atuação, terei o financeiro como resultado positivo. Sendo assim, quais recursos-chave são extremamente necessários e exigidos pela proposta de valor, pelos seus meios de comunicação, que geram relacionamentos com clientes e fontes de receitas? Mãos à obra, com muita criatividade!

Atividades-chave

Agora, este ponto é de extrema importância ao seu planejamento, pois são as atividades mais importantes que o seu negócio deve realizar para que todo o restante do modelo de negócios seja bem-sucedido. Na prática: fazer, criar e desenhar, vender e dar suporte para a proposta do serviço de *coaching*.

Novamente, vamos à prática com perguntas:
- Quais são as atividades-chave que atenderão a sua proposta de valor? Ou melhor, o que eu preciso fazer para alinhar com a venda do meu serviço?
- O que precisa ser feito para que a comunicação do meu serviço seja efetiva e eficaz, que criará relacionamento com o meu público-alvo e converterá em fonte de receita ao meu negócio?

Mãos na massa, com criatividade e ousadia, pois você conhece muito bem o seu negócio, tem domínio total sobre os seus serviços e o seu público-alvo talvez ainda não saiba, mas logo saberá que você tem a solução para os seus problemas!

Parcerias principais

No mundo dos negócios, muito se fala em trabalhar com parceiros para que os negócios decolem. Uma empresa sozinha tende a demorar muito mais em crescer, mas um grupo de empresas tem uma força maior, que impulsionará o crescimento e o desenvolvimento dentro do segmento em que está inserida. E no mundo do empreendedorismo e do *coaching* não é diferente! Uma rede de relacionamentos efetiva e eficaz, com trocas e reciprocidade, sempre agregando conhecimentos e parcerias, facilitará muito ao sucesso do negócio! Mas, atenção, deve sempre haver reciprocidade nos negócios, a lei do ganha-ganha deverá prevalecer, para que a parceria seja de sucesso. E, para que o seu negócio seja efetivo, é importante responder algumas perguntas:
- Quem são os seus parceiros-chave?
- O seu negócio demanda fornecedores, se sim, quem são eles?
- Quais recursos-chave são ou serão adquiridos por meio de parcerias?
- Quais atividades-chave serão executadas por parceiros e por mim? Esse item está claro para ambas as partes?

Meu parceiro complementa a minha *expertise* ou poderá se tornar o meu concorrente, logo em seguida?

Seja rico em detalhes neste item, e se lembre sempre de agregar ao seu negócio pessoas que o ajudarão a caminhar com segurança e clareza. Mãos à obra, novamente!

Estrutura de custos

Atualmente, um negócio rentável tem seus custos e despesas claras e definidas, bem como efetua ações para maximização de resultados e redução de custos. Dentro do seu modelo de negócios, é necessário ter um alinhamento entre diversos itens, que impactará na estrutura de custos, dentre eles: recursos principais, com atividades-chave e parcerias estratégicas que impactarão na estrutura de custos do seu negócio, gerando, dessa forma, um conjunto de ações de sucesso, ou não, sempre muito alinhado com a sua estratégia.

O dinheiro é necessário para criar e entregar valor, manter relacionamento com clientes e pares, gerando, assim, uma fonte de receita conforme o que foi desenhado e estimado para o negócio. Nesse item, precisam ser considerados recursos principais, atividades-chave e parcerias principais, somente com esses três itens desenhados. Partiremos, então, para os custos fixos e variáveis do empreendimento.

Agora, novamente respondendo aos itens, teremos o seu negócio desenhado praticamente em 100%:

- Quais são os custos mais importantes inerentes ao seu modelo de negócios de *coaching*?
- Quais recursos-chave e atividades-chave têm maior custo?

Com isso, ficará claro se o foco do seu negócio será direcionado para custos (valor de mercado inferior) ou se o direcionamento será para o valor (com proposta de valor *premium*).

Com todo desenho e planejamento feito, qual será o seu próximo passo para colocar tudo isso em prática? Já dizia Walt Disney: "se você pode sonhar, você pode realizar". Sonhando, planejando e realizando, acima de tudo, seu negócio deve fazer sentido para você. Se faz sentido, o faz sentir, e o fazendo sentir, fará sentido para você e para seus clientes, que o buscarão como uma grande referência em transformação humana!

Referências

CLARCK, Tim. *Business model you: o modelo de negócios pessoal*. Alta Books, 2013.

OSTERWALD, Alexander; PIGNEUR, Yves. *Business model generation: inovação em modelo de negócios*. Alta Books, 2011.

SEBRAE. *Crie novos modelos de negócios com o Sebrae Canvas*. Disponível em: <https://www.sebraecanvas.com/#/>. Acesso em: 27 de jan. de 2019.

Decola coach

Capítulo 4

Marketing de alto impacto para coaches

Neste capítulo, vamos apresentar como *coaches* podem, com pequenas ações, estratégias e ferramentas gratuitas, construir uma marca que gere destaque na rede, ampliando a sua posição de autoridade no mercado, gerando mais resultados e conquistando mais clientes, em sua carreira de *coaching*.

Helio Bernardon Junior

Decola coach

Helio Bernardon Junior

Master Coach Sênior & Trainer. Business and Executive Coach com reconhecimento internacional pelo AGCC – Global Coaching Community, ECA – European Coaching Association, e ICI – International Association of Coaching Institute. *Personal & Executive Coach; Trainer* no Instituto Mentor Coach, nas formações *Leader Coach* e *Coaching Comercial-Business* Model Generation (BMG – Canvas). *Licensed Practitioner* PNL pela Society of NLP™, de Richard Bandler. Especialista em Metodologias e Estratégias de Marketing Digital. MBA em *Marketing* pela Fundação Getulio Vargas. Especialização em Dinâmica de Grupos pela SBDG – Sociedade Brasileira de Dinâmicas de Grupo. Administrador de empresas. Professor universitário e consultor. Profissional com mais de 20 anos de experiência na área de gestão, atuando no setor de *marketing*, planejamento estratégico e vendas. Já atuou como *trainer* nas empresas: KUHN Brasil, Manitowoc Crane Group; Italac; AGCO Brasil; Sebrae; Senac; SIMERS, Sicredi, Fiat e GSI.

Contatos
helio@imentorcoach.com.br
(54) 99925-6128

Helio Bernardon Junior

> "No futuro, quando todos os produtos se tornarem *commodities*, eu ainda vou querer fazer negócios com quem é meu amigo."
> Autor desconhecido

O conceito de *marketing*, por Philip Kotler, um dos pais do *marketing*, diz que o processo pelo qual as pessoas obtêm o que desejam e necessitam é tanto administrativo quanto social, por meio da geração de desejo, oferta e troca de produtos de valor. Olhe que interessante, a definição fala em um processo social, em que as pessoas buscam o que desejam e necessitam. Mas, um dos grandes questionamentos, referentes ao processo de *coaching* e sua contratação, é que as pessoas não sabem que estão a sua procura.

Na verdade, essa solução ainda não passa pela cabeça do possível *coachee*. O processo de *marketing* se assemelha a procedimentos internos entre pessoas e empresas. É importante destacar que uma pessoa não está querendo comprar o seu produto. Na verdade, ela busca uma solução para um determinado problema, e a solução que você apresenta como *coach* pode ser uma das várias que possam vir a resolvê-lo.

O *marketing*, nos dias de hoje, é ainda conceitual, sendo que, apesar da evolução de algumas técnicas, estamos usando ferramentas e conceitos de, pelo menos, 30 anos atrás, apenas com uma nova roupagem.

A primeira empresa a usar o *marketing* de conteúdo, ou seja, dar algo de valor para o seu cliente, sem a intenção efetiva de venda, foi a Michelin, fabricante de pneus que, em 1900, começou o seu *Guia Michelin* de viagens, nos EUA, dando dicas de restaurantes e hotéis para viajantes. Uma empresa que vendia pneus e indicava hotéis e restaurantes? Sim, pois já pensava que, quanto mais pessoas viajassem, mais pneus elas poderiam comprar, e quem providenciasse a informação deveria ser recompensado com a compra de seus produtos. Confira aqui uma pequena história do *marketing* de conteúdo, no vídeo *The story of content: rise of the new marketing*, disponível em: http://bit.do/eSufH.

Como *coach*, assim como qualquer profissional que inicia uma nova carreira, é importante demonstrar que o método apresentado funciona. É primordial lembrar que, antes de se tornar *coach*, você

41

já apresentava conhecimentos. Por isso, o mercado de *coaching* é um dos que mais cresce no mundo; com mais de dois bilhões de dólares. Muitos profissionais que eram de outras áreas estão migrando para essa e, agora, com as novas técnicas, têm um novo mercado para atender.

Como iniciar a prospecção de clientes?

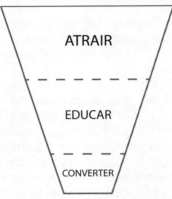

No funil de *marketing* apresentado, a estratégia é fazer exatamente o que é demonstrado: atrair, educar, converter. É importante destacar que cada cliente tem problemas específicos, que estão diretamente ligados a sua linha de *coaching*. Se você é um *coach* de carreira, quais as dores, problemas e aflições do seu potencial cliente? Não ter a certeza da carreira a seguir, como fazer uma transição de carreira, são problemas comuns entre eles. Então, a ideia é fazer a atração de clientes, falando abertamente de suas dores. Os nossos clientes são divididos em três tipos, para facilitar a estrutura de comunicação de nossas ofertas: frio, morno e quente.

Alinhando os clientes de acordo com essa definição, temos a seguinte estrutura:

Atrair – cliente frio: não sabe que tem um problema, ou melhor, tem um problema, mas não busca a solução;

Educar – cliente morno: sabe que tem um problema e busca a solução, por meio de um produto ou serviço, que possa ajudá-lo;

Converter – cliente quente: quer resolver o problema e deseja ainda mais resultados.

Com essa estrutura, podemos definir a estratégia para que o seu processo de *coaching* seja a solução que o cliente precisa e paga para ter.

Definiremos quem é o cliente que você quer atender, de acordo com a sua área de *coaching*. Para isso, temos que saber as dores, preocupações e necessidades que ele tem e ainda não percebemos. Entendendo em que situação ele se encontra, podemos alinhar a nossa comunicação, para gerar um relacionamento que trará possíveis clientes pagantes. Com esse fim, podemos usar duas ferramentas que são práticas, sendo a primeira o mapa da empatia.

No modelo dessa ferramenta, temos que analisar como o futuro cliente age sob uma determinada situação. O mapa da empatia é muito importante, pois nos possibilita essa visão global sobre o cliente e a sua vida. Para ser mais específico, temos o exemplo de uma pessoa desempregada que está precisando de uma recolocação no mercado, por meio de um processo de *coaching* de carreira. Para facilitar ainda mais, existe o *Gerador de Persona*, disponível no *link*: http://bit.do/eSupK, que pode auxiliá-lo no processo de construir a sua. Veja bem, mesmo sendo um *coach* com experiência, você pode seguir essa estratégia para novos clientes e novos projetos. Esse processo é chamado de funil de vendas e tem o objetivo de fazer com que pessoas se interessem pelo seu produto, passando por fases específicas, para, depois de um período, procurá-lo.

Vamos, então, para a estrutura de processo, sendo:

1. O cliente conhece você

A construção da sua autoridade *online*, ou seja, quem é e como pode ajudar as pessoas a superarem os problemas. É importante que essa relação, a ser construída, esteja bem alinhada à maneira que poderá ajudar as pessoas. Nesse processo de construção de autoridade, você precisa saber quais as dores delas, dentro do seu segmento. Aqui, um exemplo de artigo sobre *coaching* de carreira que pode atrair a atenção do seu cliente: *"não gosto do que faço, muitos anos na mesma empresa, medo da mudança de carreira, como abrir um novo negócio, como trabalhar em um outro segmento que não é o meu"*.

2. A pessoa se interessa por você

A partir das dores dos clientes, começará a definir o que produzirá de conteúdo, para apresentar uma solução. Com isso, eles já começam a ter uma relação com você. O segundo passo é a nutrição.

3. Pessoas começam a consumir o seu conteúdo

Vamos definir primeiro o que é *marketing* de conteúdo, segundo o Instituto de Marketing de Conteúdo: "(...) uma abordagem estratégica de *marketing* com a intenção de criar e distribuir conteúdo valioso e atrativo que capture e retenha um público-alvo bem definido e, em última instância, dirija as ações desse público para um retorno lucrativo."

Decola coach

Neil Patel, um dos maiores especialistas de *marketing* digital, definiu *marketing* de conteúdo como:

> *Marketing* de conteúdo é uma estratégia de longa duração baseada na construção de um forte relacionamento com os clientes, conseguido através do fornecimento de conteúdo valioso, consistente e altamente relevante para eles. É esta troca de conteúdo para o seu cliente e relevante que vai gerar o engajamento que você quer com seus clientes. Eles conhecendo seu conteúdo, curtindo e, principalmente, compartilhando. Porém, o objetivo aqui é a geração de clientes pagantes, ou seja, financeiramente ativos.

Infelizmente, conheço vários *coaches* que têm um conteúdo muito bom e boa distribuição, porém falham na hora de fechar contratos. Aqui, alguns exemplos de conteúdos que podemos usar seguindo uma estratégia específica: *Cinco passos de transição de carreira depois dos 40 anos; Como se preparar para a entrevista de emprego; Qual o perfil comportamental que as empresas de TI buscam.*

Cada conteúdo é para uma pessoa que está em uma fase diferente do funil, sendo que alguns são clientes que já conhecem quem você é e outros ainda vão iniciar o processo de conhecimento de seus produtos e serviços. Nos exemplos acima, os conteúdos são relevantes para clientes que se encontram em dilema de carreira, pois todos eles têm esse foco. É importante definir qual é o conteúdo que estamos disponibilizando: um artigo; um vídeo; um áudio; um teste ou ferramenta; *blog; site*; uma *live* no Facebook; um *webminar*.

As redes sociais são um caminho para distribuir o seu conteúdo da forma mais dinâmica possível, sempre lembrando que o seu cliente preferencial deve estar na rede social específica. Um exemplo bem prático é o caso do LinkedIn; sendo uma rede social com foco no mercado corporativo, a sua estratégia deveria ser colocar vídeos, textos e postagens para atrair clientes empresariais, gestores, gerentes de RH, entre outros. As redes sociais mais usadas no Brasil atualmente são: Facebook; LinkedIn; Instagram; YouTube; WhatsApp. O mais importante é que o seu conteúdo seja relevante para a pessoa, que ela tenha interesse nele e continue consumindo com frequência.

4. Pessoas passam a confiar em você

Kevin Kely, famoso escritor londrino, disse, em seu artigo, *1,000 True Fans or Even 100 Super Fans is all You Need*, que com apenas 1000 fãs comprometidos com os seus projetos, você teria recursos necessários para um ano. Não é a minha intenção que você busque essa meta, porém, que tenha o maior número de clientes/fãs. Estes serão os seus patrocinadores, divulgando o seu trabalho para mais e mais pessoas. Aqui está o *link* para você ler o artigo original em inglês: bit.ly/milfans.

Na fase de consumo de conteúdo, eles já têm uma relação de confiança elevada, que consome tudo o que você está produzindo. Todo o seu conteúdo é distribuído para os clientes e eles estão repassando. Quando estiver criando esse conteúdo, tenha certeza de que pode contar com eles, tendo em mente a importância da conexão com os seus clientes. A sua história, superação de resultados e os *coachees* que você tem ajudado são superimportantes para o *rapport* e a facilidade de acesso que o cliente tem com você.

A criação de *rapport* entre vocês tem base nas percepções que fazem sentido para eles. Como na imagem, o processo de conexão é estruturado no momento em que você justifica as falhas que as pessoas possuem, gerando empatia (entendimento).

O segundo passo é controlar os seus medos, ajudando-os a superá-los e os apoiando nesse processo. A terceira parte é confirmar as suspeitas relacionadas àquele processo ou situação. Que, sim, eles estavam certos sobre uma determinada situação. O quarto passo é confrontar os inimigos comuns que eles têm e mostrar que você sabe como superá-los e que vai estar junto com eles. Por fim, vai encorajá-los à realização dos sonhos deles, para que conquistem tudo o que acredita ser possível.

5. Passam a querer o seu produto

O Google tem um livro chamado *ZMOT*, sendo que sua tradução seria: *O momento zero da verdade*. Ele mostra claramente como era o consumo de produtos e serviços no século passado, em relação ao agora. No modelo passado, tínhamos acesso à propaganda do produto e serviço, por revistas ou televisão, sendo que o contato direto seria na presença da pessoa ou na prateleira de um supermercado.

No novo *marketing*, antes mesmo do primeiro contato, ou quando alguém tem contato com o seu serviço de *coaching* pela primeira vez, o futuro aluno vai buscar mais informações sobre. Ele pode estar navegando na *web* ou pelo Facebook e ver um *post* sobre um dado assunto, como *10 passos para superar o desemprego*. Apesar de ser um tema pesado, é perfeito para quem trabalha com esse nicho. Ele vai para o artigo, lê em seu *blog* e percebe que você pode ajudá-lo. Ele começa a pesquisar mais sobre *coaching* e sobre você, seus clientes e os resultados que tem, até querer o seu produto, pois ele é a solução para os seus problemas.

6. Decidem comprar o seu produto

Como falamos anteriormente, com a confiança gerada pelo seu conteúdo e pela confirmação que você pode solucionar os problemas que ele tem, a sua decisão pela compra é certeira.

Decola coach

No livro *Proposta de valor*, de Alexander Osterwader, é afirmado que pessoas não compram produtos e serviços e, sim, soluções para um problema que possuem ou, como falamos anteriormente, não sabem que têm, até se depararem com o conteúdo sobre a dor que as aflige. Nós estamos educando o nosso cliente com um conteúdo tão rico, que ele praticamente não tem mais como ignorar a sua oferta e, assim, toma a decisão de compra ou, então, fecha o processo de *coaching*, já que tem 100% de confiança que você pode ajudá-lo.

7. Vira o seu cliente e promove a sua marca

Nessa fase, o *coachee* já é seu cliente: ou você está fazendo o processo com ele, ou já terminou. Ele tem plena confiança pelos resultados já alcançados e está o indicando para novos clientes, trazendo mais e mais retorno financeiro. Você, agora, o promove diversos materiais, para que ele possa se desenvolver ainda mais, atingindo um novo patamar. Um ciclo virtuoso de clientes está estabelecido.

Neste artigo, apresentamos uma estratégia básica de como estruturar a sua carreira de *coach* com as técnicas de *marketing* que são as mais usadas neste momento. Além disso, nos *links* abaixo estão os acessos aos materiais e ferramentas que podem vir a ajudá-lo cada vez mais na sua estratégia de *marketing*. Baixe, use e, se ficar com dúvidas, entre em contato.

Referências

CMWorld. *Documentary: the story of content: rise of the new marketing*. Disponível em: <http://bit.do/eSufH>. Acesso em: 22 de mar. de 2019.

KK. *1,000 true fans*. Disponível em: <https://kk.org/thetechnium/1000-true-fans/> Acesso em: 22 de mar. de 2019.

OSTERWALDER, Alex; PIGNEUR, Yves; Bernarda Greg. *Value proposition design: como construir propostas de valor inovadoras*. Alta Books, 2018.

Ferramentas de apoio
Mapa da empatia: http://bit.ly/2KQ0zrw

Decola coach

Capítulo 5

Coaching de carreira ou career coaching

Coaching de carreira trata-se de um processo que auxilia os profissionais no desenvolvimento, estruturação e alavancagem de suas carreiras, isso porque torna possível a definição de metas e objetivos, de forma clara. Ele também permite o reconhecimento das principais competências e habilidades profissionais, além de fraquezas e crenças limitantes que os impedem de avançar e crescer profissionalmente.

Jucélia F. Pires

Jucélia F. Pires

Master Coach certificada internacionalmente pelo IBCI – International Business Coaching Institute e Instituto Coaching Peru. *Personal & Executive Coach* – Instituto Mentor Coach. Especialista em programação neurolinguística com certificação internacional em *Licensed Practitioner* PNL e membro da Society of NLP™, de Richard Bandler. *Trainer* do Instituto Mentor Coaching, na formação de *Leader Coach*. Administradora de empresas (FAPLAN); especialista em Gestão Estratégica de *Marketing* (UPF); mestre em Desenvolvimento com Ênfase no Empreendedorismo (UNISC). Professora de graduação e pós-graduação na Universidade de Passo Fundo/RS (UPF). *Career & Business Coach*, atua em processos individuais e de grupos/equipes. Ganhadora do prêmio *Líder Destaque*, *Master Executive Coach* – Instituto Mentor Coaching. Consultora de empresas na área de gestão estratégica há 15 anos; palestrante motivacional.

Contatos
contato@juceliapires.com.br
(54) 981169088

O *coaching* tem crescido substancialmente não só no Brasil, mas no mundo, e isso revela, principalmente no âmbito profissional, que as pessoas não estão satisfeitas com as suas carreiras/profissões que optaram por seguir. Os dados confirmam que 80% dos profissionais ativos no trabalho estão insatisfeitos, segundo a ISMA (*International Stress Management Association*).

O Instituto Gallup confirma que apenas 13% da população mundial encontra-se satisfeita com a vida profissional. Essas duas instituições renomadas, com experiência global, estão nos mostrando o quanto as pessoas estão insatisfeitas com o estado atual e desejam, mesmo que sem externalizar, realizar mudanças em suas carreiras. É nesse sentido que a busca pelo *coaching* de carreira ganha cada vez mais espaço.

Diante disso, o *coaching* de carreira busca auxiliar o *coachee* a alcançar os seus objetivos profissionais, ou seja, sair do ponto A e chegar ao ponto B, encurtando tempo, custos e energia. Enquanto o indivíduo sozinho sonha e aspira por uma melhor ascensão e colocação no mercado, com o auxílio de um *coach*, irá identificar claramente onde quer chegar, qual caminho a ser percorrido e quais ações devem ser realizadas ao alcance de seus objetivos, encurtando, assim, o tempo de realização do que se estivesse sozinho.

Benefícios do *coaching* de carreira

Durante o processo de *coaching* de carreira, o profissional irá definir qual é o seu estado atual, como se encontra no presente em habilidades, competências, oportunidades e desafios, além de auxiliar o *coachee* a também descrever e projetar o seu estado desejado, a traçar os seus objetivos profissionais, identificando quais competências, estratégias e metas são necessárias para atingi-los.

Planejamento e alinhamento de carreira consistem nas grandes vantagens desse processo, adequando-os ao propósito de vida profissional, pessoal, familiar e empreendedora do profissional. O processo ainda auxilia o *coachee* a descobrir a sua essência, ou seja, o que realmente deseja criar e desenvolver, buscando identificar estratégias para atingir os seus objetivos.

Os benefícios do *coaching* de carreira ultrapassam a esfera profissional, pois, no decorrer do processo, se torna possível visitar aquelas áreas da vida que necessitam de autoconhecimento. O ato de conhecer o "eu" orienta e auxilia o *coachee* a identificar a sua essência, o que traz felicidade e realização. O *coachee*, no entanto, se visualiza de maneira a alcançar o seu propósito de vida que, conciliado a sua carreira profissional, gera um sentimento de legado e de satisfação. A melhoria na autoestima, segurança, foco, liderança, relacionamento interpessoal e comunicação são habilidades que também são desenvolvidas no *coaching* de carreira.

Nichos de *coaching* de carreira

Como dito, o *coaching* de carreira atua em vários nichos. Conheça a seguir alguns dos principais, que perpassam desde a orientação vocacional do jovem na escolha da profissão, à recolocação no trabalho, transição de carreira, até a preparação para aposentadoria: orientação vocacional (escolha profissional), universitários (redirecionamento da carreira), primeiro emprego (adaptações), recolocação/*outplacement* (mudança de emprego). Transição de carreira (mudança de carreira ou emprego), desenvolvimento da carreira (melhorar a *performance*), expatriados (relações internacionais e suporte às famílias) e aposentadoria (pré e pós-aposentadoria).

O *coach* atua de acordo com o nicho ou os nichos estabelecidos no sentido de despertar talentos, desenvolver competências, aprimorar habilidades que o *coachee* julgar necessárias para atingir o seu estado desejado.

Processo de *coaching* de carreira

O *coaching* de carreira é realizado por meio de encontros (sessões) frequentes, normalmente de 8 a 12 sessões, que poderão ser semanais, quinzenais ou até mesmo mensais, com duração de 60 a 90 minutos, dependendo da disponibilidade e urgência do *coachee*. É o momento que esclarecem dúvidas, reconhecem os problemas e direcionam o caminho a ser trilhado na busca dos objetivos profissionais do *coachee*.

Porém, para obter êxito, inicialmente deve-se determinar as aspirações profissionais do *coachee*. Isso definirá o processo, no que se refere a ferramentas e técnicas para desenvolver as habilidades comportamentais e competências profissionais necessárias a atingir o seu objetivo.

Para quem é indicado o *coaching* de carreira?

Com o mercado cada vez mais competitivo, fica evidente que possuir diferenciais competitivos influencia não só na sobrevivência profissional, mas para se destacar. Por isso, o processo é indicado a quem está em:

- Transição de carreira, mudança de emprego, de posição ou função;
- Crise, com um desalinhamento na carreira, falta de foco, motivação, desconexão com valores, perda de produtividade e *performance*;
- Planejamento, pois alcançou a aposentadoria, irá passar por sucessão ou promoção de carreira;
- Desenvolvimento, para treinar novas habilidades e competências;
- Projeção, busca ou candidatura por uma posição mais elevada na organização.

Percebe-se que, na gestão de carreira, as escolhas erradas tornam os profissionais frustrados e apáticos, o que prejudica o bom andamento das atividades e a produtividade. Com segurança e confiança, a inserção, o desenvolvimento e a evolução se dão de maneira mais clara e cooperativa.

Roteiro para o *coaching* de carreira

Na figura abaixo, trazemos a sugestão de roteiro da nossa mentoria Decola Coach, um processo de dez sessões:

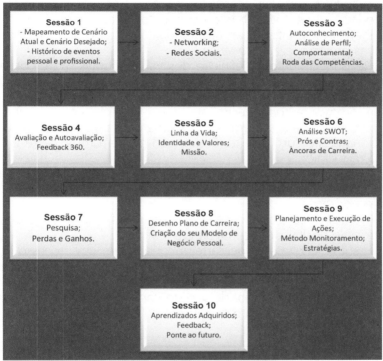

Fonte: SMANIOTTO, Alessandra. *Programa Decola Coach, 2017.*

O roteiro apresentado parte da situação atual e do estado desejado do *coachee* e aonde pretende chegar. Ao chegar na décima e última sessão, com a retrospectiva da sua trajetória durante o *coaching*, geramos o *feedback* e partilha dos resultados alcançados. Nesse momento, podemos realizar a dinâmica de ponte ao futuro, utilizando técnicas de PNL (programação neurolinguística), e o *coach* pode estabelecer o novo processo conforme a necessidade do *coachee*, além de realizar o patrocínio positivo do que se pode alcançar a partir de suas competências.

Habilidades e competências do *coach*

Quanto mais o *coach* estiver preparado, conhecer a dinâmica e a metodologia do processo, mais qualidade terá a sua entrega. Para contribuir com o desenvolvimento do *coachee*, é importante que o *coach* desenvolva as seguintes habilidades:

- Promover *rapport*: criar conexão, gerar empatia, entrar no mundo do *coachee*;
- Perguntas poderosas: seja investigador, gere reflexão;
- Ouvir na essência: um bom *coach* deve e precisa desenvolver a habilidade de ouvir;
- Clareza: como vai ocorrer o processo? Ao gerar comprometimento, cumprimento das tarefas, com datas, prazos e horários;
- Identificar as influências: aprofundar, detectar o que interfere nas escolhas profissionais do *coachee*;
- Reconhecimento e definição dos valores: quais são e como influenciam as decisões do *coachee*. Estar atento às palavras embutidas no discurso e desvendá-las;
- Promover autoconhecimento: gerar reflexão no *coachee*, perguntas que estabeleçam um silêncio, uma pausa é sinal de que o seu questionamento surtiu efeito. Então, não o interrompa, deixe-o concluir o raciocínio;
- Trabalhar com as crenças: identificar quais o impedem de crescer e levá-lo a rompê-las, incentivando e despertando as que sejam fortalecedoras;
- Motivar a ação: o *coachee*, ao sair de uma sessão, precisa receber o patrocínio positivo, o incentivo para realizar.

Em suma, o *coaching* de carreira consiste em um processo transformador e esclarecedor, que dota o *coachee* de autoconhecimento, desenvolvimento de competências e habilidades, reconhecimento das oportunidades de mercado, de acordo com o seu propósito de vida, estruturação e planejamento de carreira.

Referências

ASSIS, V. *Coaching de carreira coaching e empowerment*. In: SITA, Maurício (Org.). Coaching de carreira. São Paulo: Literare Books International, 2016.
BRAZ, A. *A escolha da profissão: desafio, dilemas e realização*. In: SITA, Maurício (Org.). Coaching de carreira. São Paulo: Literare Books International, 2016.
MARQUES, J. R.; CARLI, E. *Coaching de carreira: construindo profissionais de sucesso*. São Paulo: Literare Books International, 2012.
MARTINS, W. *Carreira e sucesso: o coaching como instrumento de potencialização*. In: SITA, Maurício (Org.). Coaching de carreira. São Paulo: Literare Books International, 2016.
NIGRI, R. *Sua carreira, sua obra*. In: SITA, Maurício (Org.). Coaching de carreira. São Paulo: Literare Books International, 2016.
SAMPAIO, M. *Coaching vocacional: uma nova estratégia para ajudar os jovens em suas escolhas profissionais*. São Paulo: Editora DSOP, 2015.

Decola coach

Capítulo 6

Coaching de equipes ou team coaching

O *team coaching* busca o desenvolvimento de competências emocionais, psicológicas e comportamentais de equipes com foco no atingimento de metas e objetivos, obtendo, assim, resultados extraordinários para a empresa. Pode promover a motivação, envolvimento dos indivíduos nos processos decisórios, comprometimento e o aumento da produtividade, pois proporciona um sentimento de união e cooperação.

Elisangela Nicoloso Brandli

Decola coach

Elisangela Nicoloso Brandli

Administradora graduada pela Universidade Federal de Santa Maria. Com mestrado em Engenharia pela UPF. Carreira como consultora com mais de 15 anos de experiência em ambientes corporativos. Destaca-se na área de desenvolvimento humano e também como professora de ensino superior. Possui certificações em *Personal & Executive Coaching* – Instituto Mentor Coach; *Leader Coach* do Behavioral Coaching Institute – BCI; curso de extensão acadêmica *Professional & Self Coaching*; Consultor de Avaliação 360º, *Feedback* 360º, Analista Comportamental – *Coaching Assessment*; Aprendizagem Experiencial e *Coaching* de Equipes e Grupos pela UNO Coaching Group. *Master Executive Coach* pelo Instituto Mentor Coach; *Master Coach* Ontológico no desenvolvimento de pessoas, equipes e organizações. Instituto Mentor Coach; *Practitioner* em PNL pela The Society of NLP™ e membro da The Society of NLP; especialista em *Executive, Business & Coaching* de equipes. Iniciou sua carreira como *coach* após praticar mais de duas mil horas de atendimentos com consultoria de empresas e capacitações para organizações e equipes.

Contatos
elisnicoloso@gmail.com
Instagram: elis_brandli_mastercoach
Facebook: Elisangela Nicoloso Brandli

Elisangela Nicoloso Brandli

Nas últimas décadas, o meio organizacional passou por mudanças significativas, e necessitou passar por um processo de transformação, inovação e também valorização das pessoas, proporcionando o seu desenvolvimento e atingimento de maiores e melhores resultados. As pessoas, então, passam a ser vistas como um capital capaz de proporcionar um diferencial competitivo sustentável para as organizações.

Somado a isso, o trabalho em equipe sempre foi um dos objetivos das empresas, e mais ainda nos dias de hoje, em que o seu desempenho e *performance* têm ganhado mais destaque, tornando assim imprescindível a necessidade de formar equipes eficazes e de alta *performance*. Implantar e desenvolver equipes de alta *performance* deve ser acompanhado e avaliado constantemente por líderes capazes de elevar as competências da equipe.

As organizações desenvolvem suas equipes, pois percebem que este é um modelo eficaz de operacionalizar trabalhos mais complexos. As equipes servem de ponte entre os indivíduos e as organizações, e entre a necessidade de tomar decisões específicas e customizadas. O trabalho em equipe também é responsável pela socialização das pessoas. As equipes estabelecem o ambiente em que partilham esforços, recompensas e riscos. Proporcionam um sentimento de identidade comum, ideias e propósitos (CLUTTERBUCK, 2007).

Nesse contexto, nem sempre as equipes correspondem às expectativas. Dessa forma, empresas necessitam de equipes de alta *performance* para aumentar seus resultados. O que exige comprometimento, competência, agilidade e qualidade. E, muitas vezes, apenas com o desenvolvimento das equipes é capaz de proporcionar essa vantagem competitiva para a empresa.

Nos últimos tempos, uma das principais características percebidas é a aprendizagem continuada, o que gera, para as organizações, o desafio constante de criar e manter ambientes de trabalho que privilegiem a aprendizagem e o desenvolvimento das pessoas.

Para isso, as organizações devem desenvolver ambientes e se preparar com espaços que permitam a aprendizagem, em que o trabalho em equipe seja incentivado e as pessoas possam ganhar mais autonomia.

Estudos confirmam que as equipes de alta *performance* são elementos importantes para o sucesso organizacional, cruciais quando a tarefa é complexa, a criatividade e o comprometimento são fundamentais, o uso eficaz de recursos é uma necessidade quando a empresa busca mais e melhores resultados. Nesse contexto, surge o *coaching*, que se torna uma ferramenta importante ao desenvolvimento e aprendizado dos indivíduos e das equipes. O *coaching* contribui para que as pessoas como parte de uma equipe se transformem e reflitam a respeito de sua visão de mundo, de seus valores e crenças, aprofundando sua aprendizagem e incorporando novas habilidades e capacidades (KRAUSZ, 2007).

O *coaching* de equipes ou *team coaching* é uma modalidade de *coaching* que busca o desenvolvimento de competências emocionais, psicológicas e comportamentais de equipes com foco no atingimento de metas e objetivos, obtendo, assim, resultados extraordinários para a empresa. O *team coaching* é um método que tem como objetivo fazer com que o time funcione de forma efetiva, integrando os membros das equipes, alinhando os objetivos da organização entre os colaboradores de uma equipe e aprimorando a qualidade do trabalho realizado.

O *team coaching* é um trabalho em que todas as ferramentas e técnicas de *coaching* são direcionadas e aplicadas ao atendimento das necessidades e/ou desejos de um grupo que possuem o mesmo propósito. É um processo de desenvolvimento que usa uma combinação integrada de intervenções para melhorar as habilidades de liderança de colaboração e desempenho da equipe.

Segundo Gallwey (1996), para maximizar a *performance*, o gestor guia, orienta e organiza as sequências gradativas dentro dos estágios de aprendizagem, também ajuda a inibir os hábitos que camuflam a excelência do desempenho necessário para superar os obstáculos. De acordo com Whitmore (2006), para o profissional superar alguns obstáculos, ele deve chegar ao estágio competente inconsciente, onde a habilidade flui sem que haja necessidade de focar em ensinamentos.

Segundo Bennis & Nannus (1986, apud ARAÚJO, 1999, p. 169), o *coach* deve ajudar pessoas e equipes a manterem o foco na visão e nos resultados, comunicar claramente a visão e administrar bem talentos e competências, utilizando muito bem o seu tempo e seus recursos. Além de ter como indicadores dessas competências o entusiasmo, a determinação e a autoconfiança.

De acordo com o site Portal de Administradores (2018), o *team coaching* é muito utilizado em equipes que exercem tarefas e atividades complexas e é aplicado pelas empresas, entre vários aspectos, para:

- Desenvolver a criatividade e a inovação da equipe;
- Buscar soluções de problemas de formas mais construtivas e assertivas;
- Alavancar seus resultados e ampliar a aprendizagem em grupo;
- Administrar melhor seus recursos, tanto físicos quanto humanos;

- Identificação de melhorias;
- Aprimorar a comunicação e construir níveis mais profundos de cooperação e confiança;
- Promover o senso de prioridade com foco em metas e resultados;
- Valorizar a contribuição que cada membro pode oferecer;

Para Minor (2003), o *coaching* de equipes representa um processo de construção de um ambiente e de um relacionamento de trabalho que colabora com a melhoria de desempenho e o crescimento pessoal e profissional.

O *team coaching* desenvolve a aprendizagem pessoal e a integração entre os componentes do grupo, proporcionado, assim, a aprendizagem interpessoal. Os membros aprendem, em um ambiente dinâmico e interativo, a se relacionar com pessoas de diferentes personalidades, desse modo colaborando para o desenvolvimento de cada um (WOLK, 2008).

Como funciona o *team coaching*?

Para iniciar o processo de *team coaching* ou *coaching* de equipes é importante visualizar o papel que cada indivíduo tem dentro do grupo que está sendo analisado, para conhecer cada membro e o porquê está envolvido naquele grupo ou projeto. Outro fator importante dentro do *coaching* de equipes é tratar todas as pessoas como se estivessem no mesmo nível, isso facilita a comunicação dentro do grupo (PORCHÉ; NIEDERER, 2002).

Os processos de *team coaching* devem acontecer com todos os integrantes da equipe. O processo deve ter um objetivo específico bem claro, que é o estado desejado que a equipe quer alcançar junta. O início das ações deve começar dentro da empresa, antes da atuação do *coach*, com aplicação de ferramentas e proporcionando reflexões sobre os seus comportamentos e competências que deverão ser desenvolvidas, podendo assim ampliar a sua *performance*, colocando em prática todos os conceitos, métodos e técnicas trabalhadas, ampliando as possibilidades de melhor desempenho, refletindo consequentemente nos resultados.

Quando a organização decide desenvolver o *coaching* de equipes, deve se considerar algumas etapas importantes como: identificar qual o objetivo da empresa, o que ela pretende com a aplicação do *coaching* em grupo e qual a sua visão. Realizar um diagnóstico interno, identificando suas forças e suas limitações, seus recursos, cultura, estrutura, necessidades, dando base para a construção de um planejamento das ações e do programa que serão desenvolvidos na organização.

Benefícios e vantagens do *team coaching*

O *team coaching* pode trazer benefícios tanto à empresa quanto para os profissionais, pois pode promover o aumento de motivação, envolvimento dos indivíduos nos processos decisórios e comprometimento e o aumento da produtividade, pois o desenvolvimento do *coaching* em equipe proporciona um sentimento de união e cooperação, em que um ajuda e contagia positivamente o outro (MINOR, 2003).

Outra vantagem é a eficácia da comunicação, muitas vezes, o líder não consegue comunicar a sua coordenação aos demais, ou discussões acontecem por falta de afinidade e compreensão do outro. O papel do *coach* é harmonizar a relação entre todos e estimular que se comuniquem focados no objetivo, sem misturar questões pessoais e sempre respeitando o espaço dos colegas. Com isso, a equipe pode atingir sua alta *performance*, podendo-se extrair o máximo do desempenho de cada um, de forma sinérgica.

O papel do *coach*, no trabalho em equipe, é verificar que os objetivos e as metas a serem cumpridas estão coerentemente interpretadas por todos os membros que participam daquele projeto. O *coach* também capacita esses membros a serem melhores observadores de si para saberem seus pontos fortes e pontos fracos, e utilizarem isso em prol do sucesso do grupo. A partir do momento que qualquer pessoa consegue se autoavaliar, ela maximiza o seu potencial de ação nas áreas que ela tem habilidades, e consegue desempenhar melhor seu papel dentro de qualquer equipe (WOLK, 2008).

Para o sucesso de um processo de *team coaching*, é fundamental uma liderança eficaz. É necessário um líder que incentive e motive sua equipe e que esteja certo de que tem as pessoas mais aptas para atuarem juntas e que elas estão cientes do trabalho a ser feito. É importante o líder também incentivar ideias, decidir em conjunto, encorajar a participação, respeitar diferentes pontos de vista, manter um comportamento mais discreto, promover discussões e estimular a expressão de sentimentos, dificuldades e facilidades.

Ferramentas

Ao se desenvolver um processo de *team coaching*, podem ser desenvolvidos a integração de novos profissionais de novas gerações, o alinhamento das relações internas, onde atua-se diretamente com os executivos estratégicos e se redirecionam comportamentos entre as relações hierárquicas conflitantes ou a relação entre pares gerenciais. Também alinhamento das relações externas, em que se desenvolve a capacidade de adaptação da equipe interna com os clientes, evitando conflitos de comportamento e/ou culturas. Manutenção das metas e objetivos, em que se transmitem, por meio de comunicação clara e eficiente, todos os desejos e necessidades organizacionais, afim de cumprir com o estabelecido. E treinamentos, aplicando práticas diferenciadas de comportamentos e novos procedimentos de atuação junto à organização.

Para o desenvolvimento do *team coaching* são utilizados testes e ferramentas para o processo, como o teste *DISC Assessment* que identifica o perfil comportamental dos integrantes da equipe; teste de sistema representacional que reconhece os sistemas que nos representam na hora de estruturar pensamentos e nos comunicar; a roda das competências, que mensura as habilidades profissionais dos membros da equipe; *Autofeedback*; *Feedback* 360° projetivo, *Feedback Burger* e a Roda para Equipes de Alta *Performance*, conforme a figura abaixo:

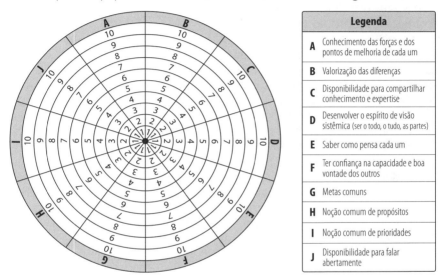

É imprescindível realizar uma entrevista diagnóstico, após deve ser feita uma avaliação. As sessões poderão ser divididas em: desenvolvimento de competências do time, questões individuais, desafio organizacional/equipe, tamanho do grupo – de 6 a 8 integrantes, frequência: 1 a 2 vezes por mês, duração – 3 a 6 meses.

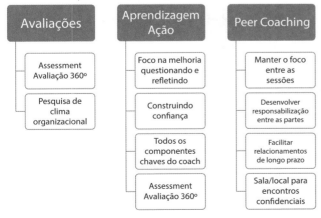

Decola coach

Outra ferramenta utilizada, e que tem por objetivo auxiliar o líder e sua equipe a uma conversa que gere sinergia, é a "conversas produtivas com a equipe". Nela são feitas perguntas como: quais os resultados você espera da sua equipe? Quais valores são fundamentais para garantir os resultados? Qual a sua definição de uma equipe de sucesso? O que você considera ser a maior dificuldade para a eficácia de sua equipe? Entre outras.

Também pode ser utilizada a avaliação da equipe do livro *Os cinco desafios das equipes*, do autor Patrick Lencioni. Por meio dela, consegue-se ter um diagnóstico de quais áreas precisam ser trabalhadas ou fortalecidas junto ao time.

Empresas de sucesso possuem equipes de sucesso, por isso é importante investir nas pessoas, valorizando cada um da equipe. Assim, o *team coaching* irá desenvolver equipes e times, gerando mais integração e sinergia, priorizando o foco em resultados, a retenção de talentos e o aumento da *performance* da equipe. O *team coaching* é um trabalho desenvolvido de forma customizada de acordo com o perfil de cada empresa, equipe e pessoas envolvidas. O *coaching* de equipes também é capaz de dar habilidades necessárias para liderar times nos diferentes grupos e setores, proporcionando resultados significativos na maximização do desempenho.

Desenvolvendo o *team coaching*, você estará utilizando uma metodologia comprovadamente validada e que aprimora seus times, alinhamento de cultura, cenário, gestão e *performance* humana, obtendo a otimização de seus resultados e de seus colaboradores. Solicite um roteiro completo para atendimento a processos de *coaching* de equipes ao IMC – Instituto Mentor Coach: contato@institutomentorcoach.com.br

Referências

ARAÚJO, Ane. *Coach: um parceiro para o seu sucesso*. São Paulo: Gente, 1999.
CLUTTERBUCK, David. *Coaching eficaz: como orientar sua equipe*. São Paulo: Editora Gente, 2007.
GALLWEY, W. T. *O jogo interior do tênis*. Trad. de Mario R. Krausz. São Paulo: Textonovo, 1996.
KRAUSZ, ROSA R. *Coaching executivo: a conquista da liderança*. São Paulo: Editora Nobel, 2005.
MINOR, Marianne. *Coaching para o desenvolvimento*. Rio de Janeiro: Qualitymark, 2003.
PORCHÉ, Germaine; NIEDERER, Jed. Coaching: o apoio que faz as pessoas brilharem. Rio de Janeiro: Campus, 2002.
WHITMORE, J. *Coaching para performance: aprimoramento de pessoas, desempenhos e resultados*. Trad. de Tatiana de Sá. Rio de Janeiro: Qualitymark, 2006.
WOLK, Leonardo. *Coaching: a arte de soprar brasas*. Rio de Janeiro: Qualitymark, 2008.
ZAVAN, Leandro, A. *Construindo equipes de alta performance*. Disponível em: <http://www.administradores.com.br/artigos/carreira/construindo-equipes-de-alta-performance-coaching-de-equipes/102380/>. Acesso em: 21 de mai. de 2018.

Decola coach

Capítulo 7

Coaching group

O *coaching group* é um modelo de trabalho muito rentável e eficaz, ele otimiza o tempo do *coach* e viabiliza oportunidades de desenvolvimento para um maior número de pessoas. Além disso, ele proporciona um trabalho mais dinâmico, em que as técnicas e ferramentas do *coaching* são direcionadas de acordo com o foco do grupo.

Kátia Maldaner Tonello

Kátia Maldaner Tonello

Master Executive Coach IMC – Instituto Mentor Coach; *Professional Self and Leader Coach* – IBC – Instituto Brasileiro de Coaching (2014). Analista 360º e Analista Comportamental certificada pelo IBC (2014). Formação em Aprendizagem Experiencial e *Coaching* de Equipes e Grupos – UNO e IMC (2017). Mentora certificada pelo IMC; *Practitioner* em PNL pela The Society of NLP™ de Richard Bandler. Graduada em Administração de Empresas pela UPF – Universidade de Passo Fundo (2009) e pós-graduada em Psicologia das Organizações e do Trabalho pela UCS – Universidade de Caxias do Sul (2012).

Contatos
www.katiatonello.com.br
coach@katiatonello.com.br
Instagram: katiatonellocoach
Facebook: Kátia Tonello Coach
LinkedIn: Kátia Tonello Coach

Kátia Maldaner Tonello

Após esperar semanas na esperança de encontrar as palavras certas para escrever este artigo, resolvi iniciar escrevendo alguma coisa, rabiscando no papel o que eu faço e, a partir daí, a ideia foi fluindo, porque esperar pelas melhores respostas não deu muito certo.

É assim que vejo o mundo e dessa maneira que faço as coisas acontecerem. Se esperarmos o momento certo, o jeito certo, as palavras certas, essa hora poderá nunca chegar, uma vez que somos altamente exigentes em nossa perfeição, por uma série de crenças e medos que alimentamos e que você, *coach*, já conhece muito bem.

Quando criança, sempre fui muito sonhadora, envolvida em sonhos ousados e distantes da minha realidade. Cresci no interior de uma pequena cidade de cinco mil habitantes, então, você já pode imaginar os desafios que tive que vencer. Tudo foi acontecendo no tempo que deveria acontecer, nem sempre no meu tempo, pois sempre tive muita pressa para resultados.

O *coaching* apareceu na minha vida em 2014, e foi a partir daí que tudo tomou um rumo diferente do que eu já havia imaginado para o meu futuro. Hoje, como *Master Coach* e empreendedora, posso ajudar pessoas a transformarem seus sonhos em realidade com o auxílio das metodologias do *coaching* e PNL (Programação Neurolinguística).

Eu adoraria contar a você a minha história, ela não é nenhuma história de super-herói, é só uma história de uma menina que venceu e se tornou uma mulher forte, independente e que continua sonhadora, no entanto, estou aqui para ajudá-lo a entender um pouco mais sobre o *coaching group* e, quem sabe, a montar a sua primeira turma.

Quando conheci o *coaching group*, me encantei pela maneira como foi conduzido e, rapidamente, quis montar o meu primeiro grupo. Tudo que eu tinha de conhecimento sobre *coaching group* eram três encontros de duas horas cada, que presenciei como observadora da turma.

Não tive dúvidas de que era isso que ia alavancar minha carreira como *coach*, e esses três encontros que participei como observadora foram suficientes a que eu voltasse para casa e iniciasse meu primeiro projeto de *coaching group*. Em pouco tempo já estava diante do meu primeiro grupo, colhendo frutos de uma escolha assertiva acompanhada de muita ação, determinação e comprometimento.

O que é *o coaching group*?

O processo de *coaching group* é realizado quando se reúnem pessoas com um interesse em comum, porém, com objetivos distintos. Por exemplo, um grupo de pessoas que deseja trabalhar o crescimento profissional, mas cada indivíduo tem sua própria meta final na qual deseja aplicar as novas habilidades. Além disso, é uma maneira econômica e eficiente de ajudar mais pessoas em um curto espaço de tempo.

Como no *coaching* individual, a relação entre o *coach* e os *coachees* é muito importante para alcançar um bom resultado. O *coach* precisa identificar em cada integrante seu perfil comportamental e de aprendizagem, para atender a todos dentro de suas particularidades.

Coaching group X team coaching

O que muita gente não sabe é que o *coaching group* é um processo de *coaching* como se fosse o *coaching* tradicional (*coach* + *coachee*) realizado com um grupo maior de pessoas, geralmente de três a 15 pessoas, no máximo, segundo o ICF (International Coach Federation). Outros, no entanto, confundem o *coaching group* com o *Team coaching* que, por sua vez, são muito distintos. O *Team coaching* desenvolve uma equipe para um único objetivo, comumente realizado dentro das empresas.

O *coaching group* seleciona pessoas que vão ser atraídas pela proposta do grupo, ou seja, pelo objetivo comum proposto pelo *coach*, que pode ser o desenvolvimento da carreira profissional, autoconhecimento, aprovação em concurso público ou provas como a OAB, entre outros, mas cada um tem seu objetivo final a atingir.

Benefícios do *coaching group* para o *coach*

Quando duas ou mais pessoas se reúnem, é possível partilhar conhecimentos e experiências que permitem aprender além da teoria, agregando muito valor ao grupo. E a partir dessa relação de troca é que quero falar sobre os inúmeros benefícios do *coaching group*.

Aprendizagem compartilhada: compreendendo um pouco sobre comportamento humano e reconhecendo a importância das quatro necessidades básicas do ser humano, originada da Teoria das Necessidades Básicas Humanas, escrita por Maslow, é possível entender a relevância desta troca em conjunto, assim sendo, o grupo tem a oportunidade de aprender com o colega também. E para você que é *coach*, o aprendizado é imensurável e extremamente gratificante.

Otimização do tempo: em meio a tantos projetos que desenvolvemos, o *coaching group* é uma excelente oportunidade para ajudar mais pessoas em um curto espaço de tempo. E como bem sabemos, nem todos que gostariam de passar pelo processo de *coaching* dispõem das condições financeiras para adquirir um processo individual. Então, otimizando o seu tempo *coach*, você viabiliza o custo ao *coachee*, já que seu valor poderá ser partilhado por um número maior de pessoas.

Estabilidade: você terá um aumento significativo de trabalho sem ampliação de custos ao seu negócio, ou seja, o seu faturamento crescerá sem elevar proporcionalmente seus custos, potencializando a expansão do seu negócio.

***Networking*:** as relações sociais para um empreendedor são fundamentais para que sua expansão ocorra de modo mais rápido. Há o velho ditado de um autor desconhecido que diz o seguinte: "você não precisa saber tudo, mas precisa ter o contato de quem sabe". E isso realmente faz sentido, é uma forma de encurtar caminhos, e no mundo dos negócios esta é uma ferramenta necessária para alavancar resultados e números.

Roteiro estruturado: diferentemente das sessões individuais, onde não se consegue seguir um roteiro para todos os *coachees*, no grupo, você estrutura uma vez o plano e o vende de acordo com os resultados propostos. Assim, ganha tempo para planejar novas ações. Possivelmente, precisará reajustar o plano algumas vezes até ficar com os resultados desejados. No final deste artigo, deixo um modelo de roteiro para usar e criar o seu.

Benefícios para o *coachee*

O processo de *coaching group* oferece inúmeros benefícios ao *coachee* também, como: desenvolvimento do autoconhecimento; de novas habilidades e de competências, melhoria nas relações e comunicação interpessoal, aceleração dos resultados, *networking*, trocas de experiências e baixo investimento.

Coaching group online

Esta é uma opção muito prática e eficiente para quem quer expandir seu negócio e atender um maior número de pessoas fora de sua cidade, abrindo oportunidades para atender regionalmente e até mesmo a nível nacional ou internacional.

Atualmente, as pessoas estão com tantas ocupações, que nem sempre conseguem disponibilizar duas horas por semana para participar de um processo de *coaching group*. Então, procuram por uma opção mais prática, no caso, o encontro *online*.

A estruturação do processo é praticamente a mesma do grupo presencial, o que irá mudar serão seus custos. Precisará contar com uma excelente plataforma, uma *internet* de qualidade e pensar em uma estratégia para prospectar esses clientes.

Como estruturar o *coaching group*?

O meu nicho de trabalho sempre foi carreira e negócios, e a partir da minha *expertise* profissional e paixão adquirida anteriormente ao *coaching*, facilita a prática deste processo, pois me identifico com cada história que passa por mim, fazendo com que eu compreenda e proporcione um processo com mais resultados.

Quando iniciei meus grupos, a primeira ideia foi poder ajudar as pessoas a se encontrarem profissionalmente, ligando sua paixão à profissão, alcançando, assim, a realização profissional.

Bem, esse é o primeiro ponto que você deve identificar para iniciar o seu planejamento. Em uma estruturação simples, você pode ter excelentes resultados, veja como fazer:

1. Identifique no que você é muito bom. Utilize suas experiências profissionais, ou mesmo de vida, para ajudar pessoas por meio do *coaching*, isso vai fazer com que tenha mais segurança para coordenar e desenvolver um grupo de pessoas. Você conseguirá se conectar com elas de forma assertiva, além de inspirar e conquistar a confiança delas.

2. Defina o objetivo comum do grupo. Quando você reconhecer no que realmente é bom, conseguirá definir o objetivo do grupo, por exemplo: alavancar sua carreira profissional.

3. Definição da *persona*. Sim, precisamos definir quem serão as pessoas que desejam atingir o objetivo do grupo. Quando você define o objetivo, já consegue fazer um bom filtro de pessoas, seja por idade, situação financeira ou pela sua ocupação. Desenhar a *persona* é fundamental para você ser assertivo na sua venda.

4. Estruturação do roteiro. Agora que já passamos as três primeiras etapas, tendo o objetivo alinhado, precisamos definir as ferramentas, técnicas e dinâmicas que utilizaremos para alcançar o objetivo.

5. Definição de datas e horários: geralmente, o processo de *coaching group* é reduzido na carga horária, girando em torno de seis a oito sessões de duas horas cada encontro, sendo que uma ou duas dessas sessões são individuais e o restante em grupo. Após definida a carga horária, é hora de acertar as datas e horários das sessões.
6. Levantamento de custo. Essa etapa é muito importante para que você identifique o número mínimo de *coachees* por grupo para calcular seu lucro. Coloque em uma planilha todos os seus gastos, por exemplo: aluguel, equipamentos multimídia, material impresso, *coffee break*, *marketing*, material para dinâmicas, *assessment* e o valor da sua hora. Feito isso, você tem o custo total e poderá estipular o seu valor de venda. O que tenho percebido é que este valor de investimento do *coachee* fica em torno de 1/3 do valor do pacote com dez sessões em média, ou seja, se o seu pacote com dez sessões é de R$ 3 mil, o processo de *coaching group* fica em uma média de R$ 1 mil por pessoa.
7. Venda e prospecção. A forma como você se posiciona na venda impacta diretamente na decisão do possível cliente. Durante a prospecção, você terá que identificar se a pessoa está apta ao processo de *coaching group* e se os objetivos estão alinhados.
8. Início dos encontros. Com muito preparo, estudo e dedicação, é a hora de você executar seu plano de ação.

Ferramentas

Ainda antes de definir as ferramentas das sessões, é muito importante alinhar os pontos que quer trabalhar no processo, veja um exemplo sobre como estruturar esses pontos:

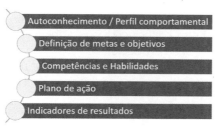

A partir dessa estruturação, é possível mapear as ferramentas necessárias ao alcance do objetivo. Esse é apenas um exemplo, você pode usar toda sua criatividade e *expertise* para estruturar seus roteiros de *coaching group*.

Conexão no grupo

Para que todos do grupo possam ter resultados satisfatórios, será necessário haver muita entrega, comprometimento e ação de cada um.

E para que isso aconteça, o *coach* deve criar uma conexão entre o grupo, a energia precisa fluir. Essa conexão pode ser gerada por técnicas de *rapport*, dinâmicas e outras habilidades do *coach*. Quando não existir a conexão, o grupo poderá encontrar dificuldades em compartilhar seus resultados, suas dúvidas, seus medos, por não confiar no grupo.

É muito importante que o *coach* também se conecte com o *coachee* de forma individual, para acompanhar o seu desenvolvimento mais de perto.

Uma ferramenta excelente para manter a energia do grupo, e até mesmo para aumentar o envolvimento e a motivação de todos, é criar um grupo no WhatsApp e mantê-lo ativo durante o processo.

Modelo de roteiro para *coaching group* com foco em alavancar a carreira profissional

Seguem algumas ferramentas que podem ser usadas no nicho do *coaching group*: DISC- *Assessment*, *Autofeedback*, Ferramenta de Aproximação, Missão, Visão e Valores, Roda das Competências, Tomada de Decisões, Tríade do Tempo, Ladrões do Tempo, Roda da Abundância e Rota de Ação. *Para ter acesso a essas ferramentas, você pode solicitá-las pelo e-mail: coach@katiatonello.com.br.*

Você é o que escolhe ser!
Sucesso!

Referências

BRITTON, Jenniffer. *What is group coaching*? Disponível em: <https://www.thecoachingtoolscompany.com/group-coaching-the-what-and-why-guest-author-jennifer-britton/>. Acesso em: 14 de jan. de 2019.

ERICKSON COACHING INTERNATIONAL. *Team coaching vs. group coaching - what's the difference?* Disponível em: <https://erickson.edu/blog/team-coaching-vs-group-coaching>. Acesso em: 14 de jan. de 2019.

INTERNATIONAL COACH ACADEMY. *The more the merrier- the power of group coaching*. Disponível em: <https://coachcampus.com/articles/merrier-power-group-coaching/>. Acesso em: 14 de jan. de 2019.

MCNAMARA, Carter. *What is Group Coaching? How Do You Develop It?* Disponível em: <https://managementhelp.org/blogs/personal-and-professional-coaching/2014/06/29/what-is-group-coaching-how-do-you-develop-it-part-1-of-2/>. Acesso em: 14 de jan. de 2019.

MITSCH, Barry; DJ. *Using group and team coaching for professional development*. Disponível em: <https://trainingindustry.com/blog/performance-management/using-group-and-team-coaching-for-professional-development/>. Acesso em: 14 de jan. de 2019.

Decola coach

Capítulo 8

Coaching empresarial: como essa metodologia pode transformar as organizações

Com o desenvolvimento tecnológico, o método de avaliação humano mudou dentro das organizações. Os colaboradores passaram a ser mais valorizados e apreciados por suas competências, o que propiciou às empresas meios para alcançarem objetivos estratégicos. Para se inserirem na modernidade, surgiu a necessidade de desenvolvimento da alta *performance* de gerentes, executivos e funcionários. Em virtude dessas novas exigências, nasceu um novo mercado de atuação: o *coaching*.

Renata Lemos

Decola coach

Renata Lemos

Master Coach Senior & Trainer, fundadora do Instituto Excelência Gestão e Coaching; *Black Belt Six Sigma* – Metodologia Lean. Membro e representante brasileira do IBCI – International Business Coaching Institute. Psicanalista e consultora organizacional. Foi diretora executiva do Instituto Brasileiro de Coaching – IBC, Belo Horizonte. *Certification Leadership and Coaching* pela Ohio University – EUA. *Master Business & Executive Coach* – IBCI. *Master Coach Certification* pela Behavioral Coaching Institute – BCI; *Professional and Self Coach* pelo IBC. *Business & Executive Coach*. Experiência de 15 mil horas de atuação em *coaching*. *Trainer* internacional com mais de oito mil pessoas treinadas em *coaching* e liderança. Bacharel em Administração de Empresas com MBA em Gestão Estratégica de Negócios. Consultora comportamental DISC e Avaliação 360° pelo BCI e IBC. Especialista em neurociência, PNL, treinamentos, equipes de alta *performance* e liderança. Professora de MBA e pós-graduação nas áreas de gestão, liderança e *coaching*. Vivência como gestora na área comercial com mais de 20 anos de experiência em multinacionais como AmBev, Pepsico, Mars, Contente, Jonhson e Gomes da Costa/Carbonel.

Contatos
www.renatalemoscoach.com.br
renata.lemos@institutoegc.com.br
Facebook e Instagram: Renata Lemos *Coach*
LinkedIn: Renata Lemos
(31) 2573-2008 / (31) 99493-2008

Renata Lemos

Coach é uma palavra originária do inglês, que significa treinador, instrutor. É um estrangeirismo surgido no final do século XX, com a globalização e importância do desenvolvimento pessoal e profissional dos indivíduos. Há inúmeros conceitos dados à prática que passou a se denominar *coaching*.

Particularmente, conceituo essa metodologia como ações de instrumentalização que permitem o desenvolvimento por meio de interferências específicas e procedimentos eficientes. Por esse motivo, o *coaching* tornou-se uma tendência empresarial extremamente importante na expansão e fortalecimento das organizações, na atualidade.

Nesse contexto, é necessário entender o novo olhar que se deu a esse método. O orientador deixou de ser apenas um técnico e atua de forma bem mais subjetiva, abrangente e complexa. Trata-se de um profissional que utiliza práticas com base em várias ciências e teorias filosóficas para alcançar objetivos. Entre elas, a mais importante de ser citada seria a Maiêutica, método socrático que consiste em criar questionamentos direcionados ao interlocutor, com o objetivo de levá-lo a descobrir a verdade, quando desenvolve reflexões e chega às respostas sobre o tema inquerido.

Desse modo, a Maiêutica é a técnica utilizada pelo *coach*, para levar ao autoconhecimento. De acordo com a dialética socrática, a verdade está dentro do homem e cabe a ele chegar ao "parto intelectual". Pode-se dizer que ocorre internamente no indivíduo uma competição consigo, ou seja, uma luta constante para entender as próprias limitações com o objetivo de melhorar as habilidades, pensar de modo diferente, aprimorar competências, elevar o nível das potencialidades e corrigir possíveis falhas.

Diante desse quadro, surge a questão: as empresas brasileiras investem em *coaching*? No Brasil, muitos ainda não conhecem essa especialidade. Outros a consideram modismo. Na verdade, não se trata de novidade. Segundo Campos e Nunes Pinto (2012), essa prática remonta de 1930, apesar de vários estudos afirmarem o seu surgimento nos anos 80. Nessa época, de fato, houve maior repercussão, principalmente no ramo esportivo. No entanto, é preciso salientar o *coaching* como principal mercado no mundo inteiro, atualmente. Compartilho, por meio deste artigo, informações importantes sobre o desenvolvimento de atividades nesse segmento.

Decola coach

O primeiro ponto a ser destacado é a forma de atuação desse profissional. Ele age de forma estratégica, por meio de um relacionamento contínuo que auxilia o cliente a obter resultados e superar obstáculos em diversas áreas da vida pessoal, profissional e empresarial. Identifica o potencial interno de seu cliente e o direciona a realizar ações para obter êxito em suas atividades, de modo a superar dificuldades, aprimorar habilidades e agir de modo eficiente. De forma mais simplificada, *coaching* é o método usado para encontrar e gerenciar as mudanças necessárias para se alcançar objetivos, realizar sonhos e atingir metas. Trata-se de levar o profissional a soluções para si, de modo técnico e realista, ao eliminar crenças pregressas que possam ter trazido estagnação.

O método que recomendo chama-se GROW, poderosa metodologia usada no *coaching*. Sem esse método, as ações tornam-se inócuas. É um acrônimo formado das quatro etapas usadas durante o processo.

G – *Goal* – Objetivo/Meta
R – *Reality* – Realidade
O – *Options* – Opções
W - *Will* - Plano de ação

A meta preestabelecida é fundamental. É necessário ter em mente o objetivo, em primeiro lugar. A realidade do indivíduo também deve ser analisada, para que se encontrem falhas e acertos. São inúmeras as opções que podem ser utilizadas para chegar a um planejamento estratégico. Só depois de feita essa avaliação e planejamento, implementam-se as ações. O *coaching*, sem o método, seria um simples jogo de perguntas e respostas. Portanto, o sistema principal é o GROW.

A pesquisa Sherpa Guide, de 2018, mostra-nos que o percentual de *coach*, no mundo todo, que cobra acima de US$600 por hora, corresponde a 60% dos executivos e 39% dos de negócios. Mas, apenas 10% dos *coaches* de vida conseguem cobrar essa mesma quantia. Além do ganho financeiro maior, quem trabalha com o *coaching* empresarial deve se preocupar com uma concorrência bem menor.

Além disso, explora um mercado abundante, de alto valor agregado, e obtém grande aprendizado, visto que lida com elementos que trabalham com um alto nível de exigência. Para alcançar um patamar mais elevado, é necessário empenho, disciplina, esforço e conhecimento. Também é importante se cercar das pessoas certas, aquelas que são mais experientes, podem auxiliar e atuar como mentoras.

Dentro do *coaching* empresarial há uma série de produtos e serviços que podem ser customizados, como treinamentos, *coaching* executivo, *coaching* em grupo, definição de estratégias e plano de negócio. Todo o processo pode abranger vários setores da empresa, com foco no desenvolvimento das habilidades e competências de um grupo ou profissional em prol dos objetivos da organização. Trabalha a comunicação, gestão de conflitos, de equipe ou vendas e características pessoais para a liderança.

O *coaching* empresarial é uma metodologia que, por meio de um diagnóstico, apresenta soluções customizadas, leva o profissional a encontrar respostas sobre o seu trabalho e ações de melhoria aos seus resultados. É um processo que responde às características e exigências do mundo contemporâneo, por meio do qual o *coach* profissional acompanha o seu cliente na definição de suas metas e objetivos, conduzindo-o a um plano de ação.

É muito importante, dentro das organizações, a mensuração dos objetivos. Se não sabemos onde queremos chegar, qualquer lugar serve, não é mesmo? O melhor é fazer uma pesquisa de percepção antes e depois do processo. Dessa forma, será possível ter os resultados de maneira tangível.

Durante o processo, o cliente é direcionado a descobrir o seu potencial e a tornar-se o agente responsável pelo seu crescimento, alcançando objetivos com níveis de desempenho acima dos esperados. O *coaching* é ideal para aqueles profissionais e empresas que abraçam a mudança e buscam resultados, de forma rentável, ética, responsável e sustentável. Além disso, auxilia no alinhamento de objetivos pessoais, profissionais e corporativos, para se alcançar uma vida mais satisfatória e realizada.

A tarefa fundamental de um executivo está ligada à estratégia. O processo de *coaching* empresarial desperta o autoconhecimento, amplia a percepção, tira o indivíduo da sua zona de conforto e o leva a um novo nível de atuação. Ocupar altos cargos não significa ter alcançado o seu potencial máximo. Durante o processo, o *coach* acompanha, apoia, desafia e cria espaços de reflexão, por meio de perguntas poderosas que permitem superar limitações para obter resultados mensuráveis e sustentáveis.

Dentro do processo, é bastante utilizado o conceito de *accountability*, termo da língua inglesa que pode ser traduzido para o português como responsabilidade com a ética e que remete à obrigação, à transparência de membros de um órgão administrativo ou representativo de prestar contas a instâncias controladoras ou aos seus representados. Nas empresas privadas, quase sempre o termo está vinculado à delegação de poder. A pessoa que recebe autoridade recebe junto responsabilidade. Mesmo que delegue responsabilidade a outro, ainda assim será a responsável final perante seu superior. Além disso, esse método pode ser aplicado no plano de um novo negócio, para percorrer um caminho de sucesso.

O *coaching* pode proporcionar grandiosos benefícios para as organizações, como:

Decola coach

- *Ampliar a visão*: fazendo parte do sistema em que as ações possíveis são executadas, o cliente nem sempre consegue apreciar os diferentes fatores que podem estar bloqueando o seu caminho.
- Encontrar crenças limitantes para trabalhá-las: são as crenças que definem as ações e, às vezes, elas podem ir contra os objetivos, mesmo sem saber.
- Gerar diferentes estratégias: é possível encontrar oportunidades e caminhos alternativos aos comuns ou tradicionais. Isso permite novas perspectivas para alcançar metas.
- Reforçar o compromisso e motivar o indivíduo: no *coaching*, uma das ideias-chave é levar o indivíduo a fazer o que precisa, "não porque ele tem que fazer, mas porque ele quer fazer". Também predispõe as pessoas à colaboração e o consenso relacionado às ações a serem realizadas.
- Estabelecer metas por meio de ações claras: auxilia no estabelecimento de metas, deixando claro o que tem e o que não tem que fazer, e auxilia na definição de linhas de ação direcionadas aos objetivos.
- Oferecer acompanhamento: pedala-se com mais força quando alguém o acompanha na estrada e faz com que se sinta mais confiante de que chegará à linha de chegada.

Quem pode ser um *coach* profissional? Um profissional preparado e certificado em uma formação que o habilite a utilizar a metodologia, com técnicas e ferramentas de acompanhamento individual e em grupo, de forma criativa, reflexiva, para desenvolver habilidades, competências e aprendizagem. Nesse campo, surgirão muitas possibilidades que poderão gerar novos estados mentais e comportamentais, para atingir os objetivos e obter resultados individuais ou coletivos. Dessa forma, é imprescindível que o profissional seja alguém preparado para executar a função.

Os resultados nas empresas são acelerados pela ação adequada desse profissional, que deve permitir às equipes trocarem informações livremente. A informação é importante, uma vez que qualquer iniciativa bem-sucedida a esse respeito se baseia na melhoria da comunicação.

Dentre as atividades de um *coach* profissional na organização, cito:
- Verificar os recursos disponíveis para a empresa e, se necessário, conduzir planos de ação para obtenção dos recursos necessários.
- Analisar o perfil dos colaboradores para conhecer melhor suas habilidades, descobrir o que podem oferecer, o que gostam e no que são bons, para depois ajudá-los a vincular os seus talentos aos objetivos estabelecidos.
- Definir o ponto de partida e o objetivo claro a ser alcançado. Observe a empresa no que diz respeito a sua cultura organizacional, história, missão, valores e princípios. É necessário entender como as atividades são feitas e se é uma organização muito hierárquica, tradicional e resistente às mudanças.
- Promover reflexão e conhecer a realidade do outro.

- Não desqualificar, eliminar as ideias de alguém ou tentar refutar barreiras.
- Contribuir na elaboração de uma lista de atividades para a remoção de barreiras. Registre as barreiras que são possíveis de eliminar imediatamente, a médio e longo prazo e, em seguida, liste em ordem de importância e acompanhe as ações realizadas.
- Identificar talentos ocultos. O objetivo é maximizar as habilidades e experiências da equipe e usá-las de forma mais eficaz. Crie mecanismos de ajuda e confiança entre os colaboradores.
- Definir os objetivos. Estes devem ser específicos para a pessoa e tarefa com a qual ela se relaciona, para que saiba o que é esperado dela. Eles devem ser mensuráveis e alinhados ao objetivo da empresa.

Os cinco principais passos para sucesso no *coaching* empresarial:

1. Faça o diagnóstico do cliente, entenda a cultura, história, trajetória e situação atual;
2. Defina o objetivo claro. Evidencie os resultados, busque entender o que está por trás de cada objetivo;
3. Faça o cronograma. Defina os passos do processo de forma clara e objetiva;
4. Defina ferramentas de acordo com os objetivos e resultados. Conduza as reuniões;
5. Mensure os objetivos e os apresente com clareza.

O *coaching empresarial* é, atualmente, o método mais eficaz e poderoso para o aumento da produtividade nas empresas. Além de melhorar o desempenho dos líderes e colaboradores, desenvolve a assertividade, a comunicação e o engajamento. É uma modalidade estratégica para o desenvolvimento de gestores, uma alternativa promissora na tentativa de conciliar objetividade e humanidade no trato profissional.

E, acima de tudo, trata-se da prática mais moderna inserida no mercado nas últimas décadas. Afinal, quem move uma organização são os indivíduos que nela atuam. Portanto, é evidente ressaltar a importância do desenvolvimento contínuo do capital humano das empresas.

Decola coach

Capítulo 9

Coaching executivo

Este artigo tem como objetivo gerar em todos a percepção do quanto somos capazes de conquistar objetivos, sonhos e metas, se tivermos conhecimento, domínio de técnicas e ferramentas de *coaching*. Por intermédio do autoconhecimento, é possível enxergar as oportunidades e desafios, com assertividade e foco.

Fabiana de Castro Oliveira

Decola coach

Fabiana de Castro Oliveira

Graduada em Administração – Faculdade Adelmar Rosado – FAR; MBA em Auditoria, Controladoria e Finanças – FGV. *Practitioner* em PNL – Instituto de Excelência Humana; *Professional, Self, Business, Executive & Master Coach* – INHEX. Consultora 360° e Comportamental com certificação internacional, reconhecimento pelo GCC – Global Coaching Community, ECA – European Coaching Community, ICI – International Association of Coaching Institutes, BCI – Behavioral Coaching Institute, ICC. *Leader Coach* pelo IMC; TAO – Técnica de Apresentação e Oração – INHEX; Especialista em Inteligência Emocional – SBIE. *Trainer* e palestrante pelo IMC – Instituto Mentor Coach. Experiência de 12 anos em gestão empresarial, CEO Inovance – Desenvolvimento Humano e Corporativo.

Contatos
www.inovancegestao.com.br
fabiana@inovancegestao.com.br
(86) 99424-4021 / (86) 99402-2925

Introdução

Com a globalização, a cada dia que passa, os executivos vivenciam um ambiente de alta competitividade, com a necessidade de entrega e prazos para ontem. Esse ambiente de extrema pressão e conflito faz com que o executivo, muitas vezes, se depare com uma situação em que ele desconhece a sua capacidade de se adaptar às situações a seu favor e capacitar os seus liderados, dificultando, assim, a conquista dos objetivos profissionais e da organização.

Em virtude desse ambiente empresarial competitivo, os executivos são cada dia mais cobrados para desenvolver habilidades técnicas. O que percebemos é que investir apenas nas habilidades técnicas não é suficiente para a entrega de um resultado esperado pelas organizações. Isso se deve aos *gaps* comportamentais dos executivos, que podem ser corrigidos com eficiência e eficácia, por meio do *coaching* executivo, atendendo de forma direcionada o ambiente profissional, não deixando de atender também o lado pessoal.

Muitas vezes, o executivo tem uma baixa no seu rendimento devido a problemas pessoais. Trabalharemos a definição de *coaching*, os seus objetivos, ferramentas utilizadas, os benefícios para o profissional e cliente (*coach* e *coachee*), tempo aproximado das sessões, cronograma e relatório de resultados em um processo de *coaching*.

1. Definições
1.1 *Coaching*

Lages e O' Connor (2010, p.12) afirmam que há diferentes tipos de *coaching*, mas as habilidades desenvolvidas são as mesmas em diferentes áreas.

O *coaching* é um relacionamento no qual uma pessoa se compromete a apoiar a outra atingir determinado resultado, seja adquirindo competências ou produzindo uma mudança específica (Porché, Niederer, 2002).

É uma metodologia, um processo de aprendizagem e desenvolvimento para o alcance de resultado desejado pela alta *performance*. O *coaching* busca atingir objetivos, alavancar resultados, solucionar problemas, superar desafios, desenvolver novas habilidades e potencializar competências psicológicas e emocionais. É um processo de autodescoberta para a conquista de objetivos, mudança de pensamentos, quebra de paradigmas.

1.2 *Coaching* executivo

O que é o *coaching* executivo? Veja a seguir algumas definições de autores renomados para que a compreensão fique mais clara:

Decola coach

> "O *coaching* executivo é uma metodologia de desenvolvimento profissional inovadora, cujo valor, impacto e contribuição estão sendo cada vez mais reconhecidos no cenário Organizacional em função dos resultados favoráveis apresentados."
> Krausz

> "O *coaching* executivo [...] tem foco na capacitação dos executivos, sua *performance* e excelência pessoal e nos negócios. Assiste-os na identificação de metas, valores, missão e visão da empresa no mercado."
> Jesus e Manolescu

Sendo assim, é um processo de desenvolvimento que expande a capacidade de alcançar objetivos em um curto espaço de tempo, conhecendo a sua verdadeira missão e propósito de vida, alinhando os seus valores, expandindo o pensamento estratégico e habilidades de liderança.

Em um processo de *coaching* deve existir uma cumplicidade entre as partes, tanto quem conduz como quem é conduzido tem vantagens. O *coach* com perguntas que levam o *coachee* a um encontro com a sua verdadeira essência, para despertar e potencializar as suas habilidades, e o *coachee* com despertar de uma consciência de elevação de padrões comportamentais.

2. Objetivos do *coaching* executivo

2.1 Desenvolver técnicas e expandir o potencial do indivíduo em relação ao seu ambiente de trabalho e sua carreira profissional como um todo.

2.2 Alinhar de forma eficiente os objetivos pessoais e profissionais;

3. Ferramentas utilizadas no *coaching* executivo

O processo de *coaching* executivo é composto por dezenas de ferramentas, cada uma delas com a devida importância e aplicabilidade. Cabe ao *coach* identificar as melhores de acordo com as necessidades, objetivos e perfil do *coachee*, pois não existe ferramenta melhor ou pior e, sim, a mais adequada para cada caso.

As principais ferramentas do processo de *coaching* executivo são:

Disc Assessment	Abracadabra	Formatando Objetivos
Teste Tríade e Ladrões do Tempo	*Autofeedback* do Líder	Perguntas Poderosas
Análise Estratégica SWOT	Plano de Ação 5W2H	*Feedback* 360º
Teste de Alta *Performance*	Roda da Alta *Performance*	Roda da Liderança

Disc Assessment: é a aplicação do teste para análise de perfil comportamental do *coachee*. É uma ferramenta poderosa que identifica as habilidades, os *gaps* comportamentais e serve como base para a elaboração do PDI (programa de desenvolvimento individual).

Abracadabra Empresarial: consiste em perguntas sobre momentos bons e não tão bons da vida do *coachee*. Direciona o *coach* para identificar em qual momento o *coachee* está colocando a sua atenção.

Formatando Objetivos: são descrições concretas de onde você quer chegar. Uma espécie de mapeamento de objetivos para dar clareza ao *coachee*.

Teste Tríade: demonstra a forma como o *coachee* utiliza o seu tempo. Pontua a necessidade de organização do tempo para a melhoria da produtividade.

Ladrões do Tempo: identifica os principais vilões de distrações, fazendo com que a produtividade caia. Além de evidenciar esses momentos, realiza um trabalho para a blindagem da fuga, que impede o *coachee* de atingir melhores resultados diários.

***Autofeedback* do Líder:** consiste na autoavaliação do *coachee* sobre o seu ponto de vista e nível de autoaceitação.

Perguntas Poderosas do Líder: consiste em questões que estimulam a reflexão e a mudança de conduta da liderança. Tem como intuito trazer à consciência padrões comportamentais que impedem de conquistar melhores resultados.

Análise Estratégica SWOT: ferramenta para fazer a análise estratégica do ambiente de uma empresa, sobre forças e fraquezas. Direciona o trabalho do executivo "*coachee*", de uma forma assertiva.

Plano de Ação 5W2H: planejamento de resultados com 5Ws: *what* – o que será feito?; *who* – quem o fará?; *when* – quando será feito?; *who* – quem o fará?; *when* – quando será feito?; *why* – por quem será feito? E 2Hs: *how* – como será feito?; *how much* – quanto custará? Ferramenta que coloca o *coachee* em ação!

Feedback 360° projetivo: questões a respeito das pessoas que o *coachee* conhece, lembrando como elas o veem. O *feedback* evidencia ao *coachee* a forma como seu pensamento e ações são vistos pelos outros.

Teste de Alta *Performance*: identifica características de uma pessoa de alta *performance* e evidencia em que nível o executivo está.

Roda da Alta *Performance*: utilizada para identificar quais habilidades o executivo precisa melhorar e em que área.

Roda da Liderança: empregada para identificar as habilidades que o executivo precisa desenvolver ou potencializar para se tornar um líder.

Elaboração de PDI: programa de desenvolvimento individual montado após o resultado do teste de perfil comportamental. Elaborado pelo *coach*, sugere tarefas como dicas de leituras de livros e filmes para a alavancagem de resultados do *coachee*.

4. Benefícios do *coaching* executivo

Muitos são os benefícios, tanto para o *coach* (profissional) que conduz o processo, quanto para o *coachee* (cliente).

4.1 Para o *coach:*

- Clareza de objetivos e valores;
- Autoconhecimento;
- Quebra de crenças limitantes;
- Controle e equilíbrio emocional;
- Melhoria na tomada de decisão;
- Desenvolvimento de autoconfiança;
- Autorresponsabilidade;
- Assertividade;
- Melhoria na gestão do tempo;
- Gerenciamento de estresse;
- Conquista de equilíbrio entre a vida pessoal e profissional, posse de conhecimentos práticos para a aplicação imediata no ambiente pessoal e profissional.

4.2 Para o *coachee*:
- Aumento da produtividade;
- Aumento da satisfação no trabalho;
- Ajuda a atrair e reter clientes;
- Definições de metas;
- Melhora significativa da administração do tempo;
- Autoconhecimento;
- Flexibilidade;
- Maior confiança;
- Identificação dos propósitos, valores, missão e visão;
- Conhecimento prático para a aplicação imediata, comprometimento com a empresa em desenvolver pessoas;
- Melhoria dos relacionamentos;
- Desenvolvimento das relações interpessoais;
- Desenvolvimento do trabalho em equipe;
- Melhor tomada de decisão;
- Conquista de equilíbrio entre a vida pessoal e profissional;

4.3 Benefícios para a organização:
- Desenvolve a cultura de *coaching*;
- Melhora os relacionamentos interpessoais na organização;
- Reduz conflitos e ruídos de comunicação;
- Mantém os colaboradores engajados;
- Reduzindo o custo de treinamentos;
- Redução do absenteísmo, *turnover*;
- Melhoria do trabalho em equipe;
- Alinhamento dos valores da empresa com os dos colaboradores;
- Aumento da produtividade.

5. Tempo aproximado do processo completo

Normalmente, todos os *coaches* trabalham com dez encontros, com duração de 60 a 90 minutos. Podemos até prorrogar com mais um ou dois encontros, caso seja necessário. O intervalo ideal entre os encontros é de, no máximo, 15 dias, para que seja bem produtivo. Entre os encontros serão determinadas tarefas a ser cumpridas pelo *coachee*. A determinação dessas tarefas deverá partir do próprio *coachee*, em concordância com o *coach*. O cumprimento das mesmas é fundamental e imprescindível para o sucesso do processo. Entretanto, dependendo do objetivo do *coachee* ou do projeto (no caso de empresas), pode durar seis meses ou até mesmo um ano.

6. Cronograma do processo de *coaching* executivo/ passo a passo/ roteiro de sessões/ escopo de sessões

Sessão de clareza	Sessão 1	Sessão 2
Entrevista (Abracadabra Empresarial), diagnóstico, *Disc Assessment*, elaborar PDI.	Devolutiva do *Assessment*, validação do PDI, diário empresarial e tarefas.	Revisão de tarefas, foco na alavancagem, formatando objetivos reais e tarefas.
Sessão 3	**Sessão 4**	**Sessão 5**
Revisão de tarefas, alinhamento de indicadores de *performance*.	Revisão de tarefas, *auto-feedback* do líder (*feedback* de quatro pessoas de sua convivência), pontos positivos e de melhoria.	Revisão de tarefas, Tríade do Tempo, revisar PDI, indicadores de resultados e tarefas.
Sessão 6	**Sessão 7**	**Sessão 8**
Revisão de tarefas, Análise Estratégica SWOT, planejamento (período a definir pelo *coachee*) e tarefas.	Revisão de tarefas, Plano de Ação 5W2H.	Revisão de tarefas, Roda de Alta *Performance*, missão e propósito e tarefas.
Sessão 9	**Sessão 10**	
Revisão de tarefas, revisão de PDI, indicadores de *follow-up*, *Feedback Burger* (*coach* para *coachee*), pirâmide do *processo* evolutivo e tarefas.	Revisão de tarefas, Perguntas Poderosas, escala gráfica e Roda da Liderança, encerramento, avaliação do processo / resultado.	

***Pré-coaching* ou sessão de clareza:** entrevista ou sessão de clareza, também conhecida como pré-*coaching* com análise de demanda, alinhamento da necessidade do *coachee*, ferramenta Abracadabra Empresarial, aplicar o *Disc Assessment* e elaborar o PDI. É nessa sessão que o *coach* terá reunido informações que irão direcionar o seu trabalho com a execução de um plano de *coaching*. Nessa sessão, já pode ser aplicada uma ferramenta, o cronograma de processo:

Sessão 1: devolutiva do *Disc Assessment*, diário empresarial e tarefas;

Sessão 2: validação do PDI pelo *coachee*. A partir dessa sessão já se estabelece uma disciplina com relação ao comprometimento do processo, horários, entregas, tudo estabelecido em comum acordo para facilitar ao executivo o comprometimento com o processo. Revisão das tarefas, aplicação da ferramenta Roda das Competências, foco na alavancagem, formatando objetivos e tarefas;

Sessão 3: perguntas sobre a última semana, revisão de tarefas, alinhamento de indicadores de *performance* e tarefas para a próxima sessão;

Sessão 4: revisão de tarefas e *autofeedback*, *feedback* de quatro pessoas da convivência do *coachee*, para identificação de pontos fortes e oportunidades de melhoria. Finaliza com o compromisso da tarefa para a próxima sessão;

Sessão 5: revisão de tarefas, aplicação das ferramentas Perdas e Ganhos, Matriz da Gestão da Mudança, revisar PDI para acompanhar resultados esperados por meio dos indicadores e tarefas para a próxima sessão;

Sessão 6: revisão de tarefas, aplicar a ferramenta Rota da Ação, preparar um planejamento em que o *coachee* definirá o período, que poderá ser semestral e até anual, que melhor atenda a sua necessidade. Finaliza com as tarefas para próxima sessão;

Sessão 7: revisão de tarefas, elaboração de Plano de Ação 5W2H pelo *coachee* e compromisso com as tarefas para próxima sessão;

Sessão 8: revisão das tarefas, identificação de propósitos e missão do *coachee*, e compromisso com as tarefas para a próxima sessão;

Revisão 9: revisão de tarefas, revisão de PDI, *follow-up* dos indicadores, *feedback*, pirâmide do processo evolutivo, aplicação do *Disc Assessment* para identificação da evolução do *coachee*, tarefas para a próxima sessão;

Sessão 10: revisão de tarefas, Perguntas Poderosas (ex: por que valeu a pena este processo?), apresentação do relatório de resultados com a evolução do *coachee* por meio de dados do teste *Disc Assessment* e Escala Gráfica da Roda da Liderança, finalizando o processo de *coaching*. Acredito ser necessária uma avaliação da condução pelo *coachee*.

7. Conclusão

Conclui-se que, no cenário atual, em que a competitividade e a busca por resultados imediatos, em algumas situações, criam ambientes conflituosos, gerando estresse e situações de rivalidade por resultado, é necessário um *executive coach*, visto que este é um profissional que desenvolve habilidades necessárias para lidar com o ambiente corporativo, com as diferenças de perfis existentes em uma organização, e adaptabilidade de comunicação para cada pessoa e situação. Atinge objetivos e metas organizacionais e profissionais, além de trabalhar as questões pessoais que possam interferir no ambiente profissional.

Por meio do *coaching*, executivos identificam a melhor forma de liderar pessoas, bem como traçar metas de crescimento profissional, por meio do seu desempenho e do desempenho da organização de maneira geral.

Trabalhar a cultura *coaching*, investindo nos profissionais, para que as organizações e os profissionais tenham um diferencial no mercado, faz toda diferença nos dias de hoje. Já passou a época de investir somente em capacidades técnicas. O *executive coach* é um profissional capaz, com o conhecimento necessário para liderar times e atingir alta *performance*.

Decola coach

Capítulo 10

O segredo do *coaching* de vida revolucionário

Este artigo é uma contribuição para todos que desejam avançar na jornada pelo desenvolvimento pessoal e profissional, seja como *coachee* ou em busca do título de *master coach*. Reúno aqui a essência da minha missão enquanto *coach*, minhas principais metodologias, formatos e, ainda, o segredo da inteligência positiva para um processo de *coaching* de sucesso.

Juci Nones

Decola coach

Juci Nones

Especializada em *Coaching* de Vida e *Coaching* de Liderança. Presidente do Instituto Juci Nones. *Master and Executive Coach* pela European Coaching Association, Global Coaching Community e Metaforum International. Treinadora de *coaches* pelo Instituto Mentor Coach. Mentora de *coaches*, criadora do programa de mentoria *Coach com Propósito*. Certificada em *Coaching and Leadership* pela Universidade de Ohio – Estados Unidos. Professora, autora da *MBA em Coaching*, da Uniasselvi. Pós-graduada em Gestão de Pessoas e *Coaching* pela Faculdade Monteiro Lobato – RS. Certificada em Neurociência para *Coaches*, pelo NCC – Brasília. Possui mais de seis mil horas de atendimento como *coach*. Palestrante com os temas: motivação, liderança, comunicação e vendas. *Practitioner* em PNL – Programação Neurolinguística pela Sociedade Internacional de PNL. Analista Comportamental pela Solides – Minas Gerais. Escritora com quatro livros publicados.

Contatos
www.institutojucinones.com.br
jucinones@institutojucinones.com.br
(47) 99177-1272

Imagine um mundo repleto de pessoas realizadas, plenas e bem-sucedidas. Imagine que cada ser humano deste planeta conheça a fundo suas qualidades e saiba aproveitar o seu melhor, todos os dias. Imagine todo o potencial humano desenvolvido ao máximo, para a felicidade geral e satisfação de cada um de nós. Parece utópico? Pois é justamente este mundo que eu quero construir todos os dias com o meu trabalho, utilizando o *coaching* de vida para desenvolver pessoas e transformar suas histórias por meio da liderança de si mesmas.

Tenho todas as razões para acreditar que esse sonho pode se tornar realidade, porque minhas seis mil horas de atendimento como *coach* me provaram que a capacidade humana é extraordinária. Ter como missão de vida desenvolver pessoas e levá-las à excelência é muito gratificante, me surpreende a cada dia o poder revolucionário do *coaching* nos tempos atuais.

Antes, um conceito de difícil compreensão ou restrito a alguns segmentos, agora, o *coaching* vem se popularizando e já faz parte do dia a dia de milhares de pessoas – ainda bem! Mas, afinal, o que é *coaching* e como podemos difundi-lo? Podemos começar definindo o que o *coaching* não é: nem consultoria, nem terapia, nem aula. O *coaching* não fornece uma solução pronta ao cliente. Como *coach*, minha função é guiar as pessoas em seu processo de autodescoberta, de modo a potencializar o progresso em todas as áreas de suas vidas, e é muito importante manter isso em mente.

O *coaching* não é sobre ensinar algo, mas sobre orientar as pessoas na aprendizagem de si mesmas, acionar sua força interior. Todas as respostas que buscamos estão dentro de nós, e muitas vezes, a única coisa que precisamos é de ajuda profissional para encontrá-las. É aí que o *coaching* entra em ação, fazendo as perguntas certas para despertar o que há de melhor em cada indivíduo. Para isso, é fundamental possuir muito estudo e ser completamente apaixonado por pessoas, relações e criar histórias de sucesso, com felicidade.

Afirmo que o *coaching* é, definitivamente, uma das formas mais poderosas de comunicação na era da informação. Em um mundo que exige cada vez mais resultados em menos tempo, é maravilhoso poder oferecer apoio profissional para desenvolver o melhor de cada um, tanto em meus processos de *coaching* para liderança, como aos processos de *coaching* de vida. A competitividade é só mais uma razão pela qual o meu trabalho se tornou indispensável, pois todos nós podemos nos beneficiar com o processo e alcançar resultados extraordinários – seja qual for o objetivo.

A maioria das pessoas ainda acredita que o *coaching* está mais associado ao desenvolvimento profissional, mas temos que mostrar seu impacto nos relacionamentos interpessoais, autoconhecimento, criatividade, autoestima, propósitos e valores, além das questões relacionadas à carreira. Faço questão de deixar bem claro que o *coaching* é extremamente amplo, sendo útil em qualquer momento e situação, para todos os tipos de pessoas.

Precisa aumentar o seu autoconhecimento e autoestima? O *coaching* é perfeito. Quer mudar um comportamento, hábito ou situação na sua vida, mas nem sabe direito por onde começar? O *coaching* pode mostrar o caminho! Problemas nos relacionamentos pessoais e/ou profissionais? Descubra como resolver com o *coaching*. E a lista é infinita, pois o *coaching* serve para motivar, potencializar, impulsionar, aprimorar e transformar positivamente a vida de qualquer pessoa.

Como costumo dizer, o *coach* é um verdadeiro catalisador da mudança positiva, evocando o que há de melhor nas pessoas e acelerando seu progresso, rumo à realização. Mas toda essa responsabilidade exige muita capacitação, pois são necessários conhecimentos complexos, como a programação neurolinguística, inteligência emocional e neurociência, que fornecem uma série de ferramentas para um processo de *coaching* eficiente.

Quando formo ou estou em um processo de mentoria com *coaches*, reforço sempre a importância de investir na especialização teórica e prática, focando no aprimoramento contínuo como profissional e como pessoa. A formação para *coaches* garante que os processos serão aplicados da melhor forma possível, expandindo nossa atuação com primor em cada atendimento realizado.

Para ser um bom *coach*, não basta ser bom com as palavras. O estudo da mente humana é vital para compreender como é possível impulsionar as mudanças de comportamento em cada perfil, permitindo que as pessoas desconstruam crenças limitadoras e construam crenças que as impulsionem, criem projetos de vida consistentes e aumentem seus níveis de positividade. Por essa razão, todo *coach* de excelência deve dominar as melhores técnicas e métodos para guiar seus *coachees* em todas as fases da jornada com destino ao sucesso e à felicidade plena.

Essa é a minha missão, minha paixão e meu propósito desde 2005, quando comecei a desenvolver pessoas. Anos depois, com minha formação de *coaching*, esta paixão aumentou e agora, formando e mentorando novos *coaches*, ela não cabe em mim, transborda e inspira mais pessoas a construir o melhor dos mundos.

Os métodos de *coaching*

Agora que você já conhece a essência do meu trabalho, é hora de entender como eu tenho conquistado resultados incríveis em anos de dedicação ao *coaching*. A metodologia aplicada é fundamental para chegar aos objetivos do *coachee*, e para isso é preciso partir da situação presente do indivíduo e traçar uma rota inteligente até o estado futuro que ele pretende alcançar.

Utilizo, em meus processos de *coaching* de vida, o *coaching* individual e *coaching* em grupo, nos quais aplico as metodologias de programação neurolinguística, inteligência emocional, inteligência positiva e neurociência. Em todas as minhas práticas, mantenho a responsabilidade por descobrir, esclarecer e permanecer alinhada aos objetivos do cliente, além de encorajar sua autodescoberta e trazer à tona as estratégias e soluções encontradas. A seguir, resumo as principais características de cada processo e seu formato.

Coaching individual

O *coaching* individual é basicamente o *coaching* de vida aplicado ao indivíduo para as mais diversas situações profissionais e pessoais. Alguns dos motivos para procurar esse tipo de *coaching* são a necessidade de aumento da autoestima e autoconfiança, mudança de hábitos e comportamentos, dificuldade em encontrar soluções para problemas recorrentes, dificuldade em organizar as próprias tarefas, problemas em relacionamentos intrapessoais e interpessoais, insegurança na adaptação de uma nova fase, mudança de cargo ou profissão, controle emocional, timidez excessiva, problemas em comunicação, ou mesmo a vontade de melhorar o próprio desempenho e potencializar as qualidades.

O formato que tem garantido meu sucesso é composto de no mínimo oito sessões, sendo as primeiras quatro realizadas a cada 15 dias e as restantes uma vez ao mês. A periodicidade é ideal para criar e reforçar as novas sinapses neurais que permitem aos clientes a mudança de comportamento sustentável, viabilizando os novos resultados na vida pessoal e profissional.

> Eu nunca tinha feito processo de *coaching* individual [...] Foi justamente no período em que eu estava fechando minha loja, depois de 14 anos. Realmente eu tinha todos os atributos para entrar em depressão, eu tenho uma doença degenerativa nos olhos, o fechamento da loja... tudo me favorecia a ficar com uma baixa autoestima. Mas, pelo contrário, com o processo de *coaching* com a Juci Nones eu pude me restabelecer como mulher, como mãe e como profissional, ele

Decola coach

me fez enxergar que aquilo era apenas um ciclo que estava se fechando para surgirem novos horizontes. O processo foi fundamental para o meu autoconhecimento e me ajuda diariamente a perceber e refletir qual área da minha vida está tendo alguma deficiência, se é pessoal, de saúde, ou profissional. Percebendo isso, eu posso focar em melhorar e atingir meus objetivos.

Angélica Regis Baggio
Empresária – Campinas/SP

Coaching de vida em grupo

O *coaching* em grupo para vida pessoal e profissional é um programa voltado a grupos de dez pessoas, criado para apresentar ferramentas capazes de massificar resultados por meio da liderança de si mesmo. Minha metodologia tem como base a consciência do que precisa ser modificado no comportamento do *coachee*. Para isso, elaboro um plano de ação em conjunto, para possibilitar a mudança verdadeira.

O processo em grupo é muito enriquecedor e dinâmico, além de exigir dedicação máxima ao criar uma experiência única para os participantes. Para garantir os resultados, meu segredo é utilizar técnicas cientificamente comprovadas de *coaching*, programação neurolinguística, inteligência emocional e inteligência positiva, potencializando o autoconhecimento, automotivação, autoestima e autoconfiança. O reflexo positivo é automático e atinge a vida profissional e pessoal dos *coachees*, com uma intensidade surpreendente!

O formato que tornou esse programa exclusivo é planejado em encontros de três horas e meia a cada quinze dias, durante aproximadamente três meses. Em cada sessão, apresento na teoria e na prática quais são as ferramentas que podem ser aplicadas imediatamente para transportar as pessoas de um estado atual insatisfatório até o estado de realização desejado.

Em todos os encontros, as pessoas voltam para casa com novas ações a serem aplicadas e, no encontro seguinte, trazem os resultados. Assim, consigo analisar o progresso e redirecionar a pessoa para os atalhos do sucesso, conforme a sua evolução. O programa é ideal para qualquer um que queira liderar a si mesmo e criar resultados extraordinários em sua vida. Alguns dos assuntos abordados são:

- O uso da neuroplasticidade cerebral para sustentar as mudanças;
- Segredos da potencialização de autoconfiança e automotivação;
- Acionamento da roda de abundância para realizar os maiores sonhos;

- Comunicação persuasiva por meio da programação neurolinguística (PNL);
- Identificação das crenças que impulsionam e restringem o sucesso de cada um.

> Estou muito satisfeito com o *coaching* de vida em grupo, por todas as técnicas para desenvolver comportamentos e enfrentamentos das adversidades da vida. O autoconhecimento adquirido e a expansão da consciência foram as mais valiosas lições. Voltei a perceber minhas emoções e sentimentos. Obtive consciência do rancor guardado e visitado constantemente nos momentos de ira. Pude aprender a perdoar a mim e aos outros. Indico o processo com a Juci Nones pelo aprendizado e credibilidade que ela adquiriu comigo. Todo o treinamento foi muito estruturado e bem ministrado.
> Wellington Afonso Maciel
> Consultor de vendas

O diferencial da inteligência positiva

É claro que um processo tão complexo de transformação como o *coaching* precisa de técnicas avançadas para apresentar grandes resultados. Não basta competência e talento, é preciso ter um diferencial para oferecer uma experiência verdadeiramente revolucionária aos *coachees*. Um de meus segredos para desenvolver pessoas? Chama-se inteligência positiva e é muito mais poderosa do que você imagina.

O *best-seller Inteligência positiva* de Shirzad Chamine, presidente da maior organização de treinamento de *coaches* do mundo (CTI), é uma obra prima do *coaching*. O livro mostra como melhorar o desempenho na vida profissional e pessoal, por meio de métodos científicos e treinamentos altamente eficientes, além de apresentar soluções inovadoras para lidar com os problemas que surgem diariamente.

A base da inteligência positiva é o chamado quociente de inteligência positiva (QP), um índice que determina o quanto da sua capacidade cerebral está sendo usada a seu favor, ou seja, qual porcentagem do seu potencial está sendo alcançada. Por meio do QP, é possível treinar a mente para eliminar a autossabotagem e alavancar os níveis de positividade, levando a resultados extraordinários.

Nos meus processos de *coaching* de vida individual e em grupo, utilizo a inteligência positiva como uma ferramenta notável para aumentar a *performance* dos indivíduos, tornando o processo de mudança ainda mais intenso. O quociente de positividade revela os comportamentos nocivos que sabotam nossas qualidades e permite que tomemos o controle sobre nossos cérebros, alterando padrões mentais para conquistar os mais altos níveis de excelência pessoal e profissional.

Se você é uma pessoa em busca de crescimento pessoal e profissional ou quer se tornar referência em *coaching*, comece aumentando seu conhecimento agora mesmo: baixe o material exclusivo sobre inteligência positiva e a explicação completa de como eu aplico esta ferramenta em meus processos de *coaching* individual e em grupo. O *link* e o *code* para acessar e baixar, disponibilizo no final deste artigo.

Este é apenas o primeiro de muitos passos que podemos dar juntos em direção a um futuro grandioso. Espero que você tenha compreendido a missão do *coach* e entendido o quão importante é nossa tarefa em desenvolver o potencial humano. Nos vemos na estrada para o sucesso!

Ferramenta Inteligência Positiva
Baixe pelo *link*: - http://bit.ly/ferramentaInteligenciaPositiva ou

Referências
CHAMINE, Shirzad. *Inteligência positiva: por que só 20% das equipes e dos indivíduos alcançam seu verdadeiro potencial e como você pode alcançar o seu.* Trad. Regiane Winarski. Rio de Janeiro: Objetiva, 2013.
NEALE, Stephen; SPENCER, ARNELL, Lisa. WILSON, Liz. *Emotional intelligence coaching: improving performance for leaders, coaches, and the individual.* Kogan Page, 2009.

Decola coach

Capítulo 11

Leadership coaching

Em uma era de profundas transformações e rupturas, desenvolver suas habilidades como líder é fundamental para transformar equipes em times eficientes, eficazes, motivados e autossuficientes. O *coaching* de liderança é um caminho para o sucesso.

Lidiane Coelho

Decola coach

Lidiane Coelho

Coach e palestrante, especialista em gestão e liderança. Formada como *Coach*, Analista Comportamental e Analista 360° pelo Instituto Brasileiro de Coaching (IBC). Também atua como facilitadora de Aprendizagem Experiencial, *Coaching* e Desenvolvimento de Equipes, formada pela Escola de Coaching Latino Americana UNO e pelo Instituto Mentor Coach (IMC). Atua como *trainer* do Instituto Mentor Coach (IMC), nos cursos de *Professional, Executive &* Líder *Coach* (PEC). É pedagoga e psicopedagoga, cursou o MBA em Desenvolvimento Gerencial Avançado, com ênfase em Gestão de Pessoas na LATEC da Universidade Federal Fluminense (UFF). Participou do Programa de Desenvolvimento de Líderes da Fundação Getulio Vargas (FGV). Pós-graduada em Pedagogia Empresarial com ênfase no Aprendizado Organizacional. Tem experiência de mais de 18 anos na área de gestão e liderança de equipes no mundo organizacional.

Contatos
http://www.lidianecoelho.com.br
contato@lidianecoelho.com.br
Instagram: lidianecoelhocoach
(21) 99652-8132

Lidiane Coelho

O termo liderança tem ocupado lugar de destaque nos meios empresarial e acadêmico. Entre tantas questões que envolvem o tema, os holofotes miram para a atuação dos líderes frente ao novo quadro de nossa sociedade.

Vivemos em uma era de rupturas e mudanças, com um mercado extremamente competitivo e em constante mutação. São muitos os desafios: mercados globais, informações em excesso, fim do emprego tradicional, novo cenário demográfico, consumo desenfreado, estresse, degradação do meio ambiente, crise de valores etc. Dúvidas, incertezas, medos e até derrotas, por vezes, compõem a nuvem cinza que parece visitar nosso cenário empresarial.

Sob essa nova perspectiva econômica e social, os gestores começam a enxergar que é preciso tomar novos rumos e decisões para acompanhar tais transformações, que é preciso se redescobrir, potencializar talentos e adquirir novas habilidades.

Um cenário, a princípio, caótico. No entanto, parafraseando Nietzsche, é do caos que nasce a luz! E é nesse contexto que o tema liderança parece ecoar ainda mais.

Como liderar pessoas e processos nesse panorama? Como ter, em sua equipe, membros motivados, engajados e comprometidos? Como conduzir seu time para alcançar resultados concretos e duradouros nessa conjuntura? Como gerenciar a mudança e na mudança? Como lidar com pessoas que, em geral, temem a mudança ou os sentimentos provocados por ela? Como potencializar-se como líder e ser eficaz? Como não sofrer na liderança? Qual seria o novo papel do líder? Essas e outras perguntas rondam o dia a dia dos gestores.

Sabemos que terão sucesso os líderes capazes de gerenciar processos e pessoas de forma rápida, inteligente, eficaz, sustentável e humana. Rhandy Di Stéfano diz que o líder deve ser "aquele que entende o potencial de seus liderados e reconhece o seu papel no desenvolvimento deles. Ele entende que o conceito de capital humano deve ser aplicado na prática". O foco está nessa evolução, no momento em que o líder deixa de "dar ordem" e passa a conseguir que seu liderado tenha vontade de buscar suas próprias respostas, que se autodesenvolva. A ideia é que a pessoa perceba sentido no que faz, sinta-se pertencente e assim procure respostas e soluções de forma prazerosa, pois o trabalho já não é mais visto somente como uma obrigação ou fonte para pagar as contas – trata-se de um meio de vivenciar ou alcançar seu propósito de vida, de contribuir para algo bem maior. Como dizia Confúcio, "escolhas um trabalho de que gostes, e não terás que trabalhar nem um dia na tua vida". Assim, terão os melhores resultados e ganharão maiores espaços, os líderes que proporcionarem ao ser humano a oportunidade de expressar sua vida por meio do trabalho.

O líder deve, então, além de dividir seus conhecimentos teóricos e práticos, como no papel de um professor, propiciar também o aprendizado e o desenvolvimento de todos de sua equipe, buscando o melhor de cada um. Ao líder compete ser o elemento facilitador, descobrindo a melhor forma de cada colaborador empregar seus melhores talentos e sabedoria para atingir metas pessoais e coletivas.

Segundo Peter Drucker, é tarefa do líder alinhar os pontos fortes da equipe de uma tal maneira, que as fraquezas se tornem irrelevantes. É importante que a equipe saiba aplicar suas forças positivamente e gerenciar suas fraquezas, buscando no outro o que lhe falta. Assim, o líder aparece também como gerador de equipes autossuficientes e de alta *performance*, que percebam onde suas capacidades se complementam. O líder estimula a autoliderança da equipe, ou seja, que ela "funcione" mesmo sem a presença dele. São líderes formando líderes.

Com tamanha responsabilidade, é mais do que comum empresas e os próprios gestores procurarem o processo de *coaching* para aprimoramento de sua liderança. Não há respostas fáceis ou únicas para todas as questões da atualidade, que dizem respeito ao tema. No entanto, o *coaching* aparece como uma possibilidade mais assertiva de desenvolvimento, crescimento e garantia de resultado para gestores que sabem que seu papel é a peça-chave da engrenagem de uma organização.

Coaching de liderança

Assim como os demais processos de *coaching*, o *coaching* de liderança é uma metodologia estruturada de trabalho que tem como objetivo fazer com que o *coachee* (cliente) saia da situação atual e chegue à situação almejada, por meio de ferramentas específicas e ações assertivas, ampliando a alta p*erformance* para alcançar melhores resultados. Em geral, o *coachee* que participa desse processo tem pessoas sob sua gestão, ou seja, tem um cargo de liderança ou almeja ter. Por isso, é comum ouvir que o *coaching* de liderança é um processo de desenvolvimento para líderes atuais ou futuros.

Na prática, o *coaching* de liderança é constituído por sessões estrategicamente planejadas. O processo realiza-se por meio de técnicas eficazes e ferramentas cientificamente comprovadas, que levam o *coachee* a analisar seu papel e suas responsabilidades como líder. Assim, ele é capaz de identificar quais são os comportamentos que favorecem e quais os que limitam sua *performance* para o alcance do que deseja.

Por também ser um processo extremamente personalizado, diferentes temas podem ser desenvolvidos durante as sessões, dependendo do *coachee* e do que ele almeja. Entre os temas, podem destacar-se: competências da liderança, comunicação, *feedback* construtivo, administração de conflitos, gestão de equipes, desenvolvimento de pessoas, liderança orientada para o resultado, gerenciamento do estresse, inteligência emocional e empatia.

Aos *coaches* interessados, há uma sugestão de roteiro para o processo de *coaching* de liderança, disponível no site www.lidianecoelho.com.br, mas deve-se atentar para a especificidade de cada *coachee*. Muitos são os passos a serem dados, as possibilidades a serem trabalhadas, e muitas são as ferramentas e estratégias a serem usadas.

Autoconhecimento e experiência

Entretanto, independentemente do caminho e das ferramentas escolhidas, vale ressaltar o papel fundamental do autoconhecimento também no processo do *coaching* de liderança. É um dos passos iniciais e mais significativos, pois é a partir dele que a autogestão acontece – só é possível gerenciar o que se conhece. O autoconhecimento é princípio básico da liderança e o alicerce das relações interpessoais.

No processo de *coaching* de liderança é preciso que o *coach* se empenhe em conhecer ao máximo o perfil do *coachee*: suas crenças motivadoras, crenças limitantes, o que o motiva, como age sob estresse, como se relaciona com seus colaboradores, como faz a leitura de sua liderança e o que entende por liderar. Além disso, espera-se que o *coach* tenha um preparo ainda maior porque, muitas vezes, os processos envolvem o contexto corporativo, que tem culturas e valores próprios, com desafios específicos. É importante que o profissional, além dos conhecimentos próprios de sua formação como *coach*, tenha experiência no mundo corporativo, na área de gestão, no trabalho com equipes, com visão sistêmica, estratégica e organizacional, além de competências para acompanhar o ritmo do mundo empresarial e suas provocações habituais. É preciso entender a realidade de uma empresa e o cotidiano de um gestor para conectar-se mais facilmente às necessidades de desenvolvimento do *coachee*. Por isso, experiência executiva e de gestão, além de estudo nas áreas de liderança, alta *performance* e inteligência emocional, não só ajudam bastante, mas passam a ser um diferencial para o êxito do processo.

Grandes líderes *coachees*

Segundo a CEO da LPM Global Relations, Sandra Dias, "nenhum executivo de visão trabalha mais sem assessoria especializada externa completa, onde trabalha o processo de *coach* como o comportamento interno e alavanca seus negócios".

Decola coach

O famoso autor da frase "No futuro, todos os líderes serão *coaches*", Jack Welch, ex-presidente da General Electric, teve ao seu lado, durante muito tempo, um grande executivo como *coach:* o consultor de negócios indiano Ram Charan.

Michael Dell, fundador da Dell Computadores, após passar pelo processo de *coaching*, trouxe relevantes resultados para a empresa.

Eric Schmidt, ex-presidente do Google, em uma entrevista para a revista americana *Fortune*, disse que o melhor conselho que recebeu na sua vida profissional foi "tenha um *coach*".

Esses, e tantos outros exemplos de sucesso no mundo empresarial e de gestão, trazem a certeza de que a perspectiva do *coaching* de liderança vem proporcionar o desenvolvimento do líder, potencializando seu desempenho e sua produtividade, com resultados mais efetivos e consistentes. O processo melhora a atuação do profissional, da equipe e, consequentemente, da organização, transformando positivamente a cultura empresarial. Afinal, a árvore cresce pelo que recebe de suas raízes e pelas condições favoráveis ao seu redor.

Referências
CAVALCANTI, Vera Lucia et al. *Liderança e Motivação*. Rio de Janeiro: FGV, 2009.
DI STÉFANO, Rhandy. *O líder-coach: líderes criando líderes*. Rio de Janeiro: Qualitymark, 2016.
DINO. *CEO destaca importância do Coaching no crescimento de carreiras e empresas*. Disponível em: <https://exame.abril.com.br/negocios/dino/ceo-destaca-importancia-do-coaching-no-crescimento-de-carreiras-e-empresas-shtml/>. Acesso em: 22 de fev. de 2019.

Decola coach

Capítulo 12

Como mudar o mindset com coaching

Mude a sua mente e mude a sua vida.

Leomar Junior

Decola coach

Leomar Junior

Self Coach; assessoria pessoal, profissional e empresarial; *Business and Executive Coach*. *Master Coach*, treinador de líderes, gestores e executivos. Pastor na Comunhão Cristã Abba, desde 2007. Fundador e professor do Curso para Líderes Eclesiásticos – Influência de Liderança. Palestrante atuando junto a escolas, empresas, igrejas e instituições acadêmicas. Pós-graduado em Gestão de Pessoas; analista comportamental; *Professional & Self Coach*. Bacharel em Teologia, ILIRegional e nacional – International Leadership Institute (Instituto Internacional de Liderança). Parceiro do Instituto Mentor Coach. *Master Coach* pela IBCI – International Business Coaching Institute.

Contatos
Facebook e Instagram: Leomar Junior

Como mudar o *mindset* com *coaching*

A frase da minha vida é: "mude a sua mente e mude a sua vida." Sempre tive o desejo de ajudar o próximo e, por isso, desde muito cedo, assumi uma posição de liderança na igreja que eu frequentava, que sempre foi uma excelente escola para mim. Eu sentia muita vontade de fazer algo relevante pelas pessoas e, com o passar do tempo, descobri que a melhor maneira de ajudá-las é fazê-las enxergar, pois, ao abrirem os olhos, elas terão mais clareza de seus propósitos de vida e, consequentemente, vão confiar mais no potencial que têm.

Enquanto isso não acontece, as palavras de motivação, elogios e apoio não ajudam muito, se ajudam, é por pouco tempo. As pessoas dependem da aprovação dos outros e, ao não se sentirem aprovadas, elas se reprovam e têm a autoestima abalada. Um pouco mais tarde, descobri que o que, de fato, precisa acontecer é a mudança no *mindset*. Quando isso acontece, o mundo muda radicalmente e definitivamente.

Mindset é uma expressão, na língua inglesa, que pode ser traduzida para o português como: modelo mental, modo de pensar e mentalidade. A pesquisadora americana, Dra. Carol Dweck, autora do livro *Mindset: a nova psicologia do sucesso*, em sua pesquisa, identificou basicamente dois modelos: a mentalidade fixa e a mentalidade progressiva.

A mentalidade fixa é o modelo mental que acredita ter uma cota de inteligência fixa, receia os desafios e experiências novas, tem medo de se expor e parecer menos inteligente do que os demais, os erros são vistos como fracassos e prova da sua incompetência.

A mentalidade progressiva é o modelo mental que acredita que os desafios e as novas experiências podem ajudar no desenvolvimento e aprendizado. O novo e o desconhecido são grandes oportunidades de crescimento e, com dedicação e esforço, as limitações podem ser superadas e os erros corrigidos.

Vamos ver a seguir, de forma prática, a diferença que existe entre os dois modelos mentais.

Modelo de mentalidade fixa

José é colaborador em uma grande empresa e nela tem muitas oportunidades de crescimento, porém, ele tem medo de receber uma promoção, mesmo tendo aumento salarial, porque acredita que não vai conseguir ter sucesso no novo desafio e, por conta disso, pode ser demitido. É por esse motivo que ele se sabota e não se aperfeiçoa, não estuda, não demonstra desejo ou ambição de galgar novos patamares profissionais. Ele não quer ser visto, pois tem medo dos desafios.

Modelo de mentalidade progressiva

João é empregado em uma pequena empresa que oferece poucas oportunidades de crescimento, por isso, não quer ficar estagnado na vida profissional. Ele acredita que, se continuar nessa empresa, terá poucas oportunidades de crescimento, então, decide arriscar e aceitar uma nova proposta de emprego em uma grande empresa, com salário inicial inferior, porque acredita que conseguirá desenvolver um excelente trabalho e será reconhecido e recompensado em pouco tempo. Ele não sente medo diante do novo desafio, na verdade, se sente motivado e confiante em uma nova oportunidade.

José, com uma mentalidade fixa, tem medo de mudar de setor dentro da empresa na qual já trabalha, mesmo tendo aumento salarial, enquanto João se sente motivado e desafiado a mudar de empresa, mesmo tendo redução salarial, porque ele acredita que terá mais oportunidades de crescimento.

Se pararmos para analisar as pessoas ao nosso redor, encontraremos mais pessoas como José, com mentalidade fixa, ou como João, com mentalidade progressiva?

Em qualquer lugar do mundo, infelizmente, a maioria das pessoas tem uma mentalidade fixa. Por causa desse cenário, os *coaches* têm muitas oportunidades de trabalharem ajudando pessoas a expandirem a forma de pensar.

Um processo de *coaching* pode, eficazmente, mudar modelos mentais e fazer com que a mudança na vida de uma pessoa seja efetiva, visível e progressiva. Para isso acontecer, precisamos ter compaixão, comprometimento, foco no objetivo, e usar as ferramentas corretas para que o processo gere resultados efetivos e o *coachee* experimente uma mudança radical no seu modelo mental.

Imaginemos que, hoje, vamos iniciar um processo de *coaching* com José. A empresa decidiu investir nele por reconhecer um enorme potencial que está sendo desperdiçado por causa dos seus medos.

O estado atual dele é este:

Colaborador de uma grande empresa tem medo de progredir na carreira, por achar que não tem capacidade suficiente para exercer uma nova função após uma promoção. Está acomodado, não busca desenvolvimento, por achar que, atualmente, o cargo que ocupa já está além do que ele merece.

O estado desejado é este:

A empresa espera um novo posicionamento de José, após seis

meses de um processo de *coaching*, deseja que ele busque aperfeiçoamento, decidido a correr riscos e aceitar novos desafios. O objetivo dele é superar os seus medos, que afetam todas as áreas da sua vida.

Muito bem, estamos na primeira sessão e o estado atual e o desejado já estão definidos, e agora, José? Acredito que, antes de saber o que fazer, neste caso, é preciso saber o que "ser" para esse *coachee*. Pois, com esse perfil, só vai, de fato, experimentar mudanças profundas, se ele confiar o suficiente que o *coach* que está diante dele é confiável, competente e está disposto a conversar sem nenhum julgamento. Vamos trabalhar de forma bem prática, quais são as possíveis ferramentas que um *coach* pode utilizar num processo como esse?

Vou sugerir aqui apenas duas ferramentas que tenho utilizado nas minhas sessões, porém, eu creio que o que, realmente, vai fazer a diferença em cada sessão é o real interesse do *coach* em chegar ao objetivo com o seu *coachee*.

Ferramenta 1 – perguntas poderosas sobre o potencial utilizado do *coachee*

O limite de velocidade de uma Ferrari é, em média, 350 quilômetros por hora. Ninguém pode apontar o dedo e dizer que ela não consegue, que não é capaz, porque os fabricantes a produziram com esse potencial. Mas a pergunta é: todas as pessoas que dirigem uma Ferrari conseguem aproveitar o máximo do potencial dela? Se alguém não consegue chegar a essa velocidade, a culpa é da Ferrari ou é do piloto que ficou com medo?

Somos exatamente como uma Ferrari, temos muito potencial. A pergunta é: temos utilizado? Ou temos medo de dar o máximo e acabamos conduzindo a nossa vida com mais lentidão e segurança, assumindo menos riscos.

Depois de trazer essa reflexão ao meu *coachee*, eu inicio uma série de oito perguntas:

Pergunta 1 - eu acredito que a nota para o seu potencial de zero a 100 é 100; inquestionavelmente, você tem um grande potencial. A grande questão é: de zero a 100 quanto do seu potencial acredita estar utilizando hoje?

A resposta do *coachee* sempre será intuitiva, de acordo com a percepção atual que ele está tendo dele (20, 40, 60, 70, 80). Quanto mais baixa a nota, maior é a percepção do *coachee*, de que realmente ele precisa tomar atitudes novas na vida. Quanto mais alta a pontuação, maior a sua satisfação interna com o momento atual. A próxima pergunta o faz transformar a sua intuição em ações práticas.

Pergunta 2 - se essa é a sua nota, se essa é a percepção que hoje tem a seu respeito, quais são as ações ou comportamentos que, se tiver a partir de hoje, você se julgará merecedor de uma nota melhor a partir da próxima sessão?

O *coachee* começará a falar das melhorias que ele reconhece que precisa ter, e o *coach* pode, nesse momento, continuar perguntando: e o que mais?

Pergunta 3 - por que acredita que esse comportamento ou essa ação fará com que você se sinta utilizando mais o seu potencial?

Pergunta 4 - existe algo ou alguém que impede você de colocar em prática essas ações? Quem é? O que é?

Pergunta 5 - como você pode eliminar o que o está impedindo de praticar o que vai lhe fazer muito bem? Como pode eliminar da sua vida o que o está prejudicando?

Pergunta 6 - quando você praticar essas ações, se perceberá merecedor de qual nota?

Pergunta 7 - você está disposto a começar essas ações a partir de quando?

Pergunta 8 - você consegue se perceber verdadeiramente comprometido em executar essas ações, a partir dessa data?

Essas perguntas são suficientemente poderosas para o *coach* realizar uma sessão forte capaz de provocar mudanças radicais logo na primeira sessão.

Roda da Abundância Profissional

A Roda da Abundância é uma ferramenta muito conhecida e usada pelos *coaches*, tenho a utilizado de maneira bem simples, prática e eficiente, ajudando meus *coachees*, de forma extraordinária.

Basicamente, é uma ferramenta que se divide em quatro etapas: identidade, planejamento, ações, e a última etapa tem dois aspectos importantíssimos, a gratidão e o perdão.

Identidade

Saber quem sou eu é fundamental para saber o que posso fazer, por exemplo, se sou uma águia, o que sou capaz de fazer? Se sou uma galinha, posso planejar viajar para outro país, plainando sobre montes e vales? Se sou uma águia, o meu plano será comer minhocas e milho no quintal de alguma casa? Certamente que não, mas e se eu for uma águia e estiver fazendo planos de uma galinha?

Essa sessão eu, particularmente, prefiro realizar em pé. Procuro posicionar o *coachee* em um dos quatro cantos de um tapete e peço para ele, de olhos fechados, respirar fundo e, depois de um momento em silêncio, responder em voz alta a pergunta poderosa que todos com uma mentalidade fixa precisam responder: quem é você?

Peça ao *coachee* para respondê-la sem lembrar dos seus erros, limitações, falhas, obras ou qualidades, como se o passado não existisse, observando apenas a sua essência. Essa etapa é extremamente importante. Após responder, eu pergunto se ele está pronto para ir para a próxima etapa, se a resposta for sim, eu o posiciono na outra ponta do tapete no sentido horário.

Planejamento

Na nova etapa, digo a ele o seguinte: agora que você sabe quem é, que percebe com mais clareza quem é, de fato, quais são os seus planos? O que você é capaz de fazer? Você consegue planejar subir de nível? Essa pessoa atual pode planejar uma promoção na carreira? Conseguirá alcançar resultados em novos desafios? Após ele responder a essas perguntas e os planos estiverem devidamente escritos por mim, pergunto se ele está pronto para a próxima etapa. Se a resposta for sim, eu posiciono ele na outra ponta do tapete no sentido horário.

Ações

Na nova etapa, pergunto a ele o seguinte: o que você está disposto a fazer para colocar os seus planos em ação? Quais riscos está disposto a correr para fazer os seus planos se tornarem realidade? Existe algo que ainda pode impedir você de continuar nessa direção? O que está disposto a perder para assumir esses riscos? Após responder e os riscos e ações estiverem devidamente relacionados por mim, pergunto se ele está pronto para a próxima etapa, se a resposta for sim, eu posiciono ele na outra ponta do tapete no sentido horário.

Gratidão e perdão

Nessa etapa, é a hora de olhar para trás com o objetivo de agradecer as vitórias, as conquistas, a ajuda, o apoio, a história, todo aprendizado e conquistas, e também perdoar os fracassos, a falta de apoio, a falta de reconhecimento, a falta de oportunidades, os próprios erros, falhas e limitações.

Se a etapa da gratidão e do perdão não for bem compreendida e praticada, ela se torna a porta de saída da Roda da Abundância e a porta de entrada para a escassez. Vamos imaginar que o *coachee* com uma mentalidade fixa tenha dito nas etapas anteriores o seguinte:

Identidade - eu sou um profissional de êxito.
De zero a 100, que nota você se dá como profissional de êxito? 100.

Planejamento - galgar novos patamares na empresa atual.
De zero a 100, que nota você dá para a satisfação que esse plano gera em você? 100.

Ações - vou sair da zona de conforto, estudar e me candidatar para novas funções na empresa.
De 0 a 100, quanto você realmente está disposto a correr esses riscos? 100.

Decola coach

Preste atenção! Observe que, nas outras etapas, ele conseguiu declarar a nota máxima, porém, se na etapa da gratidão ele não conseguir agradecer porque atingiu 60% do resultado desejado, e não se perdoar por não ter conseguido os 40%, quando ele voltar para a etapa da identidade, para continuar o ciclo, ele vai conseguir dar a nota 100 para sua identidade de um profissional de êxito? Provavelmente, não, ele vai diminuir a sua nota para 80% e, pela falta de gratidão pelas conquistas, e a falta de perdão pelas derrotas, essa nota vai diminuindo cada vez mais até zerar e a desistência acontecer.

Portanto, nessa fase, é importante preparar a mente do *coachee* para agradecer pelas pequenas conquistas e vitórias e perdoar os seus possíveis fracassos para que ele continue acreditando na força da sua identidade, e cada vez mais planeje, arrisque e melhore os seus resultados, a cada dia, sem se cansar ou desanimar.

É isso. Acredito muito que um processo de *coaching* pode ajudar na mudança do *mindset* do *coachee*. Faça bom uso dessas ferramentas para ajudar os seus clientes a mudar a forma de pensar.

Decola coach

Capítulo 13

Coaching de emagrecimento

Neste capítulo, entenda o que é sobrepeso e obesidade, e como reduzir seus efeitos colaterais – físicos e mentais – por meio do processo de *coaching*, que conduz a mudanças comportamentais. Com um novo estilo de vida, hábitos e pensamentos mais saudáveis, tudo se torna mais leve. Logo, o *coaching* é essencial no desenvolvimento pessoal, redução, e manutenção do peso físico, mental e emocional.

Precila Zantedeschi Ferreira

Decola coach

Precila Zantedeschi Ferreira

Estetacosmetóloga formada pela ULBRA – Campus Carazinho (2011). *Master Coach* certificada pelo Instituto Mentor Coach (IMC), reconhecido pela IBCI (International Business Coaching Institute). *Practitioner* em PNL licenciada pela The Society of Neuro-Linguistic Programming de Richard Bandler. Outras formações: *Personal, Executive & Leader Coach*. Analista Comportamental de DISC *Assessment*, todos certificados pelo Instituto Mentor Coach (IMC). Além do curso de Inteligência Emocional e Desenvolvimento Pessoal com Base em Neurociência. Artigo publicado na Revista Online *Leituras: Educação Física e Esportes (EFDeportes.com)*, sobre análise da qualidade de vida de pacientes com diagnóstico de fibromialgia por meio da aplicação de massagem clássica relaxante, disponível em: https://bit.ly/2Ki2K9M.

Contatos
www.coachprecilaferreira.com.br
precila_ztd@yahoo.com.br
Instagram: precilazferreira
Facebook: Precila Ferreira – *Coach* de Emagrecimento e Estetacosmetóloga Corporal
LinkedIn: Precila Ferreira

Precila Zantedeschi Ferreira

Emagrecer é mais do que perder peso, é sobre ganhar vida.

O número de pessoas com obesidade e sobrepeso aumenta incrivelmente a cada dia no Brasil. Segundo a Organização Mundial de Saúde (OMS), se nada for feito, é possível que até em 2025, cerca de 2,3 bilhões de adultos estejam com sobrepeso; mais de 700 milhões, obesos. O acúmulo de gordura corporal (assim definida a obesidade) aumenta o risco de algumas doenças como diabetes, doenças cardiovasculares, alguns cânceres, doença renal, osteoartrose, apneia do sono, doença hepática gordurosa não alcoólica, entre outras.

Estudos confirmam a melhora dessas doenças com a perda do peso, reduzindo os fatores de risco e a mortalidade. A obesidade também diminui a qualidade e a expectativa de vida. Reconhecer e diagnosticar a obesidade ou excesso de peso é a melhor forma de identificar os níveis de risco para a saúde.

O sobrepeso pode desencadear vários problemas de saúde física, e também emocionais. Vendo de uma forma ampla, a obesidade pode matar o corpo físico, e também a vontade de sair, de viver, de se relacionar com outras pessoas, de fazer sexo, de se vestir bem...

Hoje, é como se a beleza representasse uma nova de moeda de troca. Antes, as mulheres se preocupavam com sua beleza, hoje, se torna um dever social. A sociedade passou a associar o excesso de gordura a algo feio.

Com isso, a mulher obesa prefere se excluir e conviver com culpa por não emagrecer ou, inconscientemente, em outra pessoa, por sua frustração, pois o fracasso é visto como uma incapacidade individual. Além disso, sentimentos como baixa autoestima, inibição, ansiedade, tristeza, depressão e distorções referentes ao seu corpo acompanham essas mulheres.

A baixa autoestima pode ser consequência de uma distorção da autoimagem, o que favorece, muitas vezes, a permanência da pessoa em situações insatisfatórias.

Diante desse contexto sobre a obesidade e sobrepeso, e o que acarreta para o corpo físico, mental e emocional, é importante um trabalho multidisciplinar, em que profissionais de diferentes áreas estão unidos em prol dessas pessoas.

Dieta, exercícios físicos, *coaching*, hipnose, tratamento medicamentoso, acupuntura, terapia cognitivo-comportamental, aromaterapia, fitoterapia são algumas das alternativas para tratar obesidade sem intervenção cirúrgica. O tratamento por meio de medicamentos pode ser indicado, porém, não existe nenhum tratamento a longo prazo que não envolva mudança no estilo de vida. É fundamental compreender que o *coaching* não anula a importância dos outros profissionais, pois cada um tem o seu papel no emagrecimento.

O *coaching* de emagrecimento é um forte aliado na redução e manutenção do peso, conduzindo a pessoa a mudar os hábitos que impedem de ter uma vida saudável e adquirir novos comportamentos. O processo auxiliará o *coachee* (cliente) a analisar questões que influenciam na conquista do seu objetivo, tais como gestão de tempo, disciplina, comprometimento, crenças, valores e motivação. Por meio dele é possível mostrar para o cliente o que realmente é essencial em relação: a alimentação, a atividade física e ao controle de peso.

Quando alguém está focado apenas no problema, como o excesso de peso, a pessoa tem a sua capacidade diminuída, para enxergar soluções e criar estratégias. Gerar motivação e incentivo pode fazer uma grande diferença em sua vida. O papel do *coach* é fazer com que o cliente pense "fora da caixa" e perceba novos caminhos e o que está acontecendo em seu interior. É fundamental para o *coach* e *coachee* estabelecer uma meta clara, específica, mensurável e alcançável, logo no início do processo de emagrecimento.

Para que o *coachee* perceba novos caminhos, o processo de *coaching* utiliza ferramentas, técnicas e perguntas que trazem uma reflexão assertiva, ajudando ele ir além. O uso delas estimula o lobo frontal a trabalhar de outra forma, se conectando com outras redes neurais. Algumas perguntas como: "como seria se...?"; "o que preciso mudar em mim?", "Como teria que fazer...?" abrem a mente para especulações e possibilidades para fazer diferente. Assim, a nova mente é criada, e a mudança ocorre quando o corpo aprende a fazer novas coisas e buscar novos caminhos.

A partir do momento em que a pessoa se autoavalia, tendo consciência de sua imagem corporal real e disponibilidade para conquistar o corpo que deseja, ela desenvolverá uma habilidade emocional para viver melhor.

Refletir sobre a autoimagem e a ampliação do autoconhecimento é uma oportunidade para despertar em cada *coachee* a atenção para ver ou rever coisas sobre si, como, por exemplo, a sua forma de se relacionar com as pessoas, as suas motivações, a comunicação que utiliza externa e internamente, a sua capacidade para ouvir, a sua percepção sobre si, o comportamento que propõe em situações de estresse e ansiedade, a sua tomada de decisão em conflitos, entre outros aspectos.

Recentemente, um estudo aplicou a metodologia do *coaching*, juntamente com outros profissionais da área da saúde, em participantes obesos. Eles relataram não conseguir se controlar em relação à alimentação, consumindo, frequentemente, massas, frituras e outros alimentos que mais gostavam. Esse descontrole aumentava a dificuldade para eliminar e manter o peso.

Esse descontrole alimentar pode estar ligado ao excesso de controle em outras áreas da vida, excessiva rigidez, alto grau de perfeccionismo e dificuldade em adiar a satisfação do prazer. A alimentação inadequada pode ser uma "fuga" ou uma forma de compensação.

A compensação pode também ser vista como um ato de "comer emoções", pois o indivíduo não sente fome física, mas, sim, vontade de se alimentar. Muitas vezes, a pessoa liga os sentimentos à comida, comendo exageradamente quando está feliz e também quando está ansiosa (um dos sentimentos incentivadores do aumento da fome emocional). Essa conduta faz com que o indivíduo não perceba os sentimentos na sua forma real, exagerando na alimentação para preencher o "vazio" que sente, mas que, em seguida, se torna um sentimento de culpa devido ao descontrole.

Os sentimentos, quando vivenciados de forma saudável, ajudam no crescimento pessoal e aprendizagem. O único sentimento que não traz benefício nenhum é o de culpa. Identificar e ressignificar crenças e pensamentos em relação ao peso e à alimentação é um dos objetivos do *coaching* de emagrecimento. As crenças ou pensamentos mais comuns são: "tudo ou nada", "já saí da dieta mesmo, agora vou comer tudo que vier pela frente", "ir ao *shopping* significa sair da dieta."

Ao superar obstáculos e crenças limitantes, a pessoa transforma a percepção de si, elevando a autoestima, autoconfiança, ampliando a sua visão, mais voltada para o "possível" e menos para o "impossível". Sintomas de estresse, tais como ansiedade, depressão, nervosismo e o hábito de se alimentar quando problemas emocionais estão presentes são comuns em pacientes com sobrepeso e obesidade.

Um *coach* de emagrecimento deve gerar um novo aprendizado para o *coachee*, auxiliando na mudança do padrão, como deixá-lo no "desconforto" de sair da sua "zona de conforto" e realizar algo que não estava acostumado. Zona de conforto é um local mental imaginário onde ficam os limites impostos por si. Geralmente, as pessoas se percebem menores do que realmente são em relação ao seu potencial e competências.

Para haver mudança comportamental efetiva é fundamental a revisão dos valores e uma construção de novos hábitos que tragam satisfação das necessidades e realização. Outro ponto é um novo padrão de comportamento simples e equilibrado. Sem isso, a mudança pode ser apenas temporária. Quando há exageros, fica difícil a adaptação, então, depois de algum tempo, a tendência é retornar aos antigos hábitos.

Mudar é pensar de forma diferente sobre os sentimentos, e é preciso mais do que a intenção de mudar, pois o corpo está acostumado a produzir toda a bioquímica interna do velho padrão. Para que a desistência não ocorra, o *coach* precisa associar metas aos valores, levando ao emagrecimento saudável e com sentido de proporcionar maior qualidade de vida. Sendo assim, requer muita força interior e motivação para não gerar desistência.

Ao final de cada sessão de *coaching* de emagrecimento são desenvolvidos planos de ações para alcançar objetivos. O próprio *coachee* traçará metas a serem cumpridas e, por meio disso, adquirirá disciplina, foco e motivação

A atividade de *coaching* de emagrecimento também exige muita dedicação e disponibilidade do *coach*, além da sessão, para atender as necessidades do *coachee*. Entre o espaço de tempo de um encontro ou outro, os dois lados têm ações para realizar. Nesse meio tempo, o *coachee* pode receber uma ferramenta ou mensagem que serão importantes para alcançar a meta preestabelecida.

O processo de transformação pode ser lento e longo, dependendo de cada caso. Portanto, manter o *coachee* motivado é muito importante para o sucesso. A pessoa obesa pode começar motivada, mas, ao longo do tempo, pode se desmotivar. O *coach*, trabalhando em conjunto com seu *coachee*, evita que ele tenha recaídas, como episódios compulsivos, autossabotagens, pensamentos negativos sobre si. O apoio familiar também é fundamental para motivá-lo a persistir e ter paciência para atingir suas metas.

Sendo assim, são muitas as melhoras que o *coaching* promove, tais como: mudanças físicas e mentais, fundamentais para a sustentação do novo estilo de vida saudável e equilíbrio emocional; ajuda a manter o foco para o objetivo proposto; faz com que o *coachee* perceba o real objetivo com o tratamento e trace metas eficientes; mudança dos hábitos alimentares; ampliação da consciência de vida, nos comportamentos, emoções e tudo que vinha causando o ganho de peso.

Reflexão por meio de perguntas poderosas; mudanças de hábitos sabotadores; desenvolvimento de capacidades e habilidades; identificação e alteração das raízes emocionais inconscientes, compreendendo e modificando essa estrutura emocional; elaboração de estratégias para autodeterminação e motivação; fortalecimento de crenças positivas, aumentando a autoestima e autoaceitação.

Por fim, emagrecer é mais do que perder peso físico, é também reduzir o peso mental e emocional, despertando para uma nova vida.

Referências

ABESO – Associação Brasileira para o Estudo da Obesidade e da Síndrome Metabólica. *Mapa da obesidade*. Disponível em: <http://www.abeso.org.br/atitude-saudavel/mapa-obesidade>. Acesso em: 27 de fev. de 2019.

MENDES, Fabiano Porto; GARIN, Norberto da Cunha; TIMM, Edgar Zanini; RIBEIRO,

Jerri Luiz. *Aplicação da metodologia coaching para o tratamento da obesidade: uma visão multidisciplinar.* Disponível em: <https://www.metodista.br/revistas/revistas-ipa/index.php/CMBS/article/view/573>. Acesso em: 27 de fev. de 2019.

NOVAES, Joana de Vilhena. *Ser mulher, ser feia, ser excluída.* Disponível em: <http://www.psicologia.pt/artigos/textos/A0237.pdf>. Acesso em: 27 de fev. de 2019.

OLIVEIRA, Ana Paula da Silva Vasques; SILVA, Marília Marques da. *Fatores que dificultam a perda de peso em mulheres obesas de graus I e II.* Disponível em: <http://pepsic.bvsalud.org/pdf/rpsaude/v6n1/v6n1a10.pdf>. Acesso em: 27 de fev. de 2019.

OLIVEIRA, Edson Marques. *Coaching & sustentabilidade humana: a arte e a ciência de ser feliz.* 1.ed. Curitiba: Appris, 2016.

PERSIA, André. *Autocoaching e emagrecimento: construindo o padrão magro e saudável.* 1.ed. Rio de Janeiro: Jaguatirica, 2016.

SILVA, Guidélia Aparecida da; LANGE, Elaine Soares Neves. *Imagem corporal: a percepção do conceito em indivíduos obesos do sexo feminino.* Disponível em: <https://periodicos.pucpr.br/index.php/psicologiaargumento/article/view/19779/19087>. Acesso em: 27 de fev. de 2019.

ZAHAROV, Anna. *Coaching: caminhos para transformação da carreira e vida pessoal.* Rio de Janeiro: Brasport, 2010.

Decola coach

Capítulo 14

A importância do autoconhecimento do coach

Para fazer sombra, você precisa estar em pé!

Sara Jane Rodel

Decola coach

Sara Jane Rodel

Practitioner em PNL – Programação Neurolinguística; *Master Executive Coach; Personal Executive Coach; Leader Coach & Trainer* – Imc. *Professional, Self, Business, Executive & Master Coach;* Analista 360°; pós-graduada em Gestão de Pessoas com *Coaching;* especialista em Análise Comportamental – *Assessment* pelo IBC. Escola de Negócios – Chris Brites; Conferência Nacional de Liderança – ILI – International Leadership Institute; Princípios de Liderança – SMD Treinamentos. Gestão Empresarial para Micro e Pequenas Empresas – Unisinos; Administração da Qualidade – ISO. Bacharel em Estudos Sociais e Especialização – FACEPESC. Mais de 20 anos de experiência na formação de líderes; coautora nos livros *Decola coach: o impulso para coaches de sucesso* e *Dna da mulher brasileira*.

Contatos
sarajrodel01@gmail.com
(47) 3279-1992
(41) 99213-3339

Sara Jane Rodel

Se observar minha frase de impacto no resumo deste capítulo – "Para fazer sombra, você precisa estar em pé!" –, já pode imaginar o que compartilharei por aqui. Esse pensamento me impactou e me conquistou desde a primeira vez em que o li, isso há muito tempo, antes de conhecer o mundo do *coaching*.

Essa frase significa que você só pode de fato ajudar, cooperar, colaborar com outras pessoas a partir do momento em que já enfrentou os mesmos dilemas, dúvidas e os venceu. Só então você pode ficar em pé e fazer sombra, dar abrigo, ser aio (condutor) para os que o solicitarem.

E isso não acontece sem que antes perceba quem você é; como vai conduzir um processo de *coaching* se não conhece os nós que o prendem ou o que o motiva a levantar da cama todos os dias e buscar sua melhor *performance*? Isso sem falar que a maioria de nós, quando sai da formação, não sabe ao certo nem aonde quer chegar, onde atuar, em que nicho etc. Para ter sucesso nessa profissão, não dá para ser amador, é preciso especializar-se, estudar, assim como em qualquer outra, mas como fazer tudo isso sem a base sólida do autoconhecimento?

Essa reflexão quero, com a Graça de Deus, trazer a você por meio de minha experiência nessa área de desenvolvimento. Bora lá?

Quando a Alê (Alessandra Smaniotto) nos falou deste projeto para escrevermos um capítulo, na hora meu coração vibrou com a oportunidade, pois percebi que este era o momento certo, o momento de maturidade como *coach*. Atuo como *coach* desde 2013 e, no início, lutei muito quando saí de minha formação. Hoje, venho falar da experiência que acumulei e motivá-lo a se conhecer melhor.

O autoconhecimento do *coach* é fundamental desde o início, pois se você não se conhece, não consegue sequer definir um nicho de atuação neste mercado, quanto mais seus objetivos, legado e tampouco habilidades e competências e como fazer para chegar lá, usando suas forças e o que o empodera.

Só com o autoconhecimento nossos valores são clarificados, perspectivas pessoais e profissionais. Apenas com o autoconhecimento somos verdadeiramente capazes de responder com sobriedade e sinceridade as perguntas a seguir.

Decola coach

- ☑ Como está hoje?
- ☑ Como se sente?
- ☑ O que o incomoda?
- ☑ Quais as suas insatisfações?
- ☑ Quais as suas frustrações?
- ☑ Aonde você quer chegar?
- ☑ Por que quer chegar nesse lugar?
- ☑ Quais os seus talentos?
- ☑ Eles serão otimizados?
- ☑ Há habilidades a desenvolver para obter sucesso na jornada?
- ☑ Se sim, quais habilidades?
- ☑ Qual a relação de tudo isso com seus valores e princípios?
- ☑ Deu para sentir a importância de nos conhecermos?

O pensamento de Mahatma Gandhi já nos apontava essa importância:
"Como seres humanos, nossa grandeza não está tanto em sermos capazes de refazer o mundo, mas em sermos capazes de refazer a nós mesmos."

Assim também, o famoso general chinês Sun Tzu fala a sua célebre frase:
"Para ganhar uma guerra é preciso conhecer bem o inimigo. Para não perder uma guerra é preciso conhecer-se bem." Ele devia saber o que estava falando pois foi um estrategista de guerra.

Nesta minha jornada maravilhosa com o *coaching*, em alguns momentos, no início, lembro que me deparei com alguns "nós" em algumas sessões. Na época, estava me conhecendo e, muitas vezes, não sabia o que fazer, qual pergunta fazer. Esses "nós" são, na minha opinião, bênçãos disfarçadas, para nos levar a nos aprofundar no autoconhecimento, a conhecer nossas limitações ou onde ainda precisamos ser "curadas(os)" para prosseguir, e esse processo gera autoconhecimento e transformação genuína.

Quando saímos da formação em *coaching*, começa a haver um disparate quando voltamos para a sociedade, principalmente para nossa casa, rsrsrsrs. Nos dias da formação nós evoluímos, expandimos a nossa mente, saímos da caixinha, não somos mais os mesmos e os que ficaram aqui fora, continuaram do mesmo jeito. O mundo está diferente para nós e não devemos nos esquecer desse detalhe, nós é que mudamos, nós que fomos transformados, então, não podemos exigir dos outros o mesmo nível de conhecimento ou de transformação, nós é que temos fazer a diferença nesses ambientes e isso, geralmente, cria um desconforto.

Eu vejo esse desconforto como uma bela oportunidade para colocarmos em prática tudo o que descobrimos nas formações, uau! Que oportunidade mestra para nos levar a um nível verdadeiro e profundo dentro de nós mesmos, vou dar um exemplo para ficar mais claro:

Suponhamos que você sai vibrando da formação, chega em casa e tem companheiro, pais, irmãos, colegas, amigos que não entendem nada do que você está dizendo e, ainda por cima, começam a achar que você voltou sem alguns parafusos. Muito bem, ao invés de brigar, impor seu ponto de vista ou ignorar, que tal aproveitar a oportunidade para aprofundar seu autoconhecimento perguntando a si mesmo:

- ☑ Qual a minha postura diante desse fato?
- ☑ Por que isso está me incomodando?
- ☑ Onde está o ponto nevrálgico que está, de fato, pegando?
- ☑ Como posso acabar definitivamente com ele e ainda crescer diante disso?

Quando olhamos para nós com olhos amorosos, conseguimos, muitas vezes, identificar sozinhos esses pontos, do contrário, busque ajuda, mentores, pessoas que já passaram por esse caminho e saíram melhores, mais fortalecidos do outro lado, garanto que você sai mais rápido desse mergulho em si mesmo.

Na maioria das vezes, precisamos tirar as camadas, as máscaras que usamos como *coaches* e nos ver inteiramente nus, só assim vamos nos conhecer de fato, só assim vamos saber o que gostamos, o que não gostamos e o porquê. Assim começamos a entender nossas escolhas, aceitá-las, ressignificá-las quando sentirmos necessidade, ou simplesmente eliminá-las de nossas mentes, vontades e emoções.

Sabemos que estamos curados, quando aquilo que nos feria, não nos afeta mais, mudamos de nível, agora sabemos, conhecemos, nos conhecemos.

Se fizermos isso com toda situação adversa que surgir, ao invés de fugir, vamos crescendo paulatina e verdadeiramente sendo assim, cada vez mais inteiros, íntegros para ser e viver toda a plenitude que desejamos. Automaticamente vamos nos distanciando de ser e nos sentir "uma fraude" no mercado, vivendo uma pessoa em casa e outra fora dela.

E só assim podemos verdadeiramente ajudar como *coaches* as pessoas a serem transformadas, alcançarem seus sonhos e também viverem plenamente se assim desejarem, pois acredito que uma pessoa transformada, transforma todo seu entorno, sejamos esses agentes de transformação.

Para finalizar, o nosso maior inimigo é a ignorância, o desconhecimento de nós mesmos, é o autoconhecimento que nos leva à liberdade.

Você consegue se enxergar 100% livre?

Livre no espírito para adorar a Deus.

Livre na alma para ter relacionamentos saudáveis, amando, perdoando, sonhando com seu cônjuge, família, amigos e clientes.

Decola coach

Livre no corpo, sem doenças, principalmente as doenças psicossomáticas, exemplo: falta de perdão gera raiz de amargura que se transforma em câncer.

Livre nas finanças, isto é, sem limitações, próspero e abundante.

Livre para ser e livre para ter! Livre!

A revelação de quem você verdadeiramente é o faz livre!

O autoconhecimento o faz livre, você vive os seus sonhos, os seus planos, aquilo que faz sentido para si, aquilo que faz o seu coração bater mais forte e não mais o sonho e projetos de outras pessoas. Isso tudo, toda essa transformação, só é possível por meio desse olhar para dentro, descortinando a alma e tendo a coragem de se encarar de frente. Então, bora crescer em autoconhecimento?

Decola coach

Capítulo 15

A arte da programação neurolinguística no processo de coaching

Neste capítulo, veremos como a PNL age estrategicamente dentro da metodologia do *coaching*, impulsionando o profissional *coach* a estabilizar o estado emocional do seu cliente. Trataremos da importância do uso dessas ferramentas enraizadas durante o processo de desenvolvimento e de algumas técnicas para que o leitor possa utilizá-las de forma imediata.

Anna Luiza Piccinin Buratto

Decola coach

Anna Luiza Piccinin Buratto

Trainer internacional de Programação Neurolinguística pela The Society of NLP™, formada pelo cocriador da PNL, Dr. Richard Bandler e parte da sua equipe de treinadores internacionais nos Estados Unidos. *Master Practitioner* em PNL, especialista em *Neuro--Hypnotic Repatterning™ e Persuasion Engineering™* pela The Society of NLP™. *Personal Coach, Coach* de Carreira *e Executive Coach* pela The International Association of Coaching e pela European Mentoring & Coaching Council. Analista Comportamental DiSC e Analista de Competências *Assess*. Sócia na empresa de treinamentos Mental Formula. Foi advogada pública do Estado do Rio Grande do Sul. Pós-graduada em Direito Público e graduada pela Pontifícia Universidade Católica do Rio Grande do Sul.

Contatos
mentalformula.com.br
mentalformula@mentalformula.com.br
Facebook: Mental Formula
Instagram: mentalformula
LinkedIn: Anna Luiza Piccinin Buratto
(11) 96486-0928

Anna Luiza Piccinin Buratto

"A verdadeira liberdade pessoal é sobre aprender como fazer o interior da sua mente ser um lugar maravilhoso para se viver!"
Richard Bandler

Frequentemente, percebo o desconhecimento da importância da Programação Neurolinguística dentro do processo de *coaching*, os recursos que ela traz para dentro da metodologia do desenvolvimento de pessoas, bem como a rapidez que ela opera quando trabalhada de forma correta e assertiva.

Antes, é importante conhecer um pouco mais sobre essa extraordinária tecnologia da mente. A Programação Neurolinguística, conhecida como PNL, surgiu em meados dos anos 70, quando Dr. Richard Bandler e John Grinder estruturaram seus estudos em busca do modelo da excelência humana, por meio de padrões de comportamento e linguagem para mudança. Certamente, PNL não é nem de longe nem de perto uma terapia, mas, sim, uma forma de reeducação mental, uma atitude, que entende o funcionamento do cérebro e trabalha uma linguagem adequada determinante para a mudança. É uma ferramenta educacional de grande potencial, quando usada adequadamente e com ética. Ferramentas como essa vêm sendo sistematicamente aprimoradas. Pessoalmente, sigo a linha do cientista Dr. Bandler, que, como propósito, busca a evolução dessa tecnologia para proporcionar melhor acesso a milhares de pessoas que o procuram em busca da alta *performance*.

Minha experiência profissional foi um pouco distinta da que a maioria dos nossos colegas *coaches* costumam seguir. Busquei, primeiramente, desenvolver minhas competências com a PNL de raiz, para, então, aprofundar meus conhecimentos dentro da metodologia do *coaching*. Verifiquei desde o início de meus estudos que a PNL estava intrínseca em todos os processos e ferramentas utilizados naquela metodologia, principalmente no que diz respeito ao fator primordial que todo e qualquer profissional necessita ter: empatia e carisma.

A PNL trabalha com maestria o sistema de percepção, o que facilita muito para a técnica do *Rapport*, a arte de criar empatia. Afinar a percepção de mundo, tanto do profissional em sua postura e abordagens corretas, assim como perceber os sutis sinais apresentados pelo *coachee*, traduz em assertivas intervenções durante as sessões. Essa relação afinada de empatia deve ser desenvolvida desde o início do processo, quando delineará um recurso de confiança e apoio que o profissional apresentará durante todo o acompanhamento com foco no atingimento da meta, afinal, a conquista dela está muito ligada a esse sistema de parceria de sucesso.

Continuando nesse alinhamento de percepções, o profissional *coach* necessita entender o estado atual apresentado por seu *coachee*. Muitas vezes, as pessoas que buscam um processo de desenvolvimento como o *coaching* não sabem ou preferem não aprofundar certas emoções e situações que circundam seu dia a dia, fato que, por vezes, pode ser o maior empecilho em não estarem no seu estado tão desejado. Portanto, cabe ao profissional descortinar esses fatores limitantes, compreendendo as exatas emoções relacionadas ao momento presente, bem como os fatores externos que fazem parte dessa relação atual.

Buscando esclarecimentos, como ferramenta primordial para a busca do verdadeiro momento atual, temos, na programação neurolinguística, o Meta Modelo™ de linguagem para entender a experiência do indivíduo, quando utilizada corretamente, torna o processo mais seguro e eficiente para a busca do resultado.

Podemos usar: O quê?; Como?; Onde?; Quando?; Quem?.

Com elas, podemos entender o processo mental que nosso cliente está passando, explorando de forma a clarificar os pensamentos e emoções que circundam o atual momento. Tais indagações são capazes de desbancar muitas crenças que, por vezes, acompanham uma história de vida e que até então não foram ventiladas como fatores determinantes para o não alcance do resultado. Entender, explorar e clarificar tais pensamentos e emoções é extremamente decisivo para um processo de desenvolvimento humano.

Apenas para esclarecer, longe de qualquer aprofundamento sobre o tema, podemos ter crenças limitantes herdadas, adquiridas/adotadas e vindas de uma experiência pessoal. São entendidas como herdadas aquelas que trazemos desde que nascemos, do âmbito familiar, que foram passadas desde crianças, a partir da experiência de mundo de alguém ou dos costumes. As adquiridas ou que adotamos são as influenciadas pelo ambiente em que vivemos, diante de nossas experiências de momentos. As mais enraizadas são as experimentadas, ou seja, aquelas em que vivenciamos, sentimos na pele as emoções negativas e passamos a levá-las como verdade absoluta para nossas vidas, como exemplo, um relacionamento amoroso conturbado que acaba por desenvolver um processo de rejeição: "nunca conseguirei ter um novo parceiro(a)", "nenhum homem presta", "nunca mais me entregarei a um novo amor". Este último deverá ser trabalhado mais profundamente e a PNL proporciona uma série de ferramentas direcionadas para esse desenvolvimento.

Anna Luiza Piccinin Buratto

> "O segredo para mudar qualquer coisa em sua vida é aprender a mudar suas crenças."
> Richard Bandler

Um profissional praticante de PNL entende de forma eficiente como a comunicação verbal e não verbal de seu *coachee* está afetando seu comportamento, sua mente. Portanto, para que se possa trabalhar o estado desejado, devemos esclarecer se realmente aquele objetivo faz sentido para a realidade desse *coachee*. Pegamos como exemplo aquela pessoa que deseja desenvolver seu potencial profissional, angariar um nível gerencial dentro de uma companhia, ao alcançar sua meta acaba se deparando com fatores adversos ao que desejaria, como viagens, distância da família, responsabilidades etc.

Portanto, esse alinhamento inicial, entendendo profundamente toda a realidade com o alcance da meta, com todas as adversidades futuras a serem enfrentadas, poderá ser compreendido e realizado com a simples técnica de visualização ponte ao futuro, ou projeção futura. Nela, o experimentador poderá ter um ensaio mental do seu objetivo para assegurar-se de que o comportamento desejado irá ocorrer, bem como se ele fará sentido, devendo estar alinhado a seus valores, crenças, objetivos, a seu ideal profissional/pessoal. É importante vivenciar esse futuro projetado com todas as especificidades que encontrará.

Vamos para o passo a passo dessa técnica:

1º - definir o objetivo alinhando com riqueza de detalhes; tudo que se deseja alcançar;

2º - imaginar-se no futuro, no momento em que alcançou aquele objetivo, quais os sentimentos em ter alcançado o que tanto desejou, local onde estará e com quem estará, o que você dirá para si mesmo, o que as pessoas estarão falando sobre você ter alcançado esse objetivo, o que você estará vendo e fazendo. Explorar todos os recursos possíveis.

3º - avançar por mais um período, por exemplo, um ano, após o alcance do objetivo, olhando tudo o que você está olhando, sentindo tudo o que você está sentindo, escutando tudo que você está escutando, o que dirá para si mesmo. Qual o propósito de ter conseguido alcançar esse objetivo, enfim, explorar o máximo de informações sobre esse momento.

4º - por fim, fazer algumas perguntas: valeu a pena ter alcançado, conquistado esse objetivo? Faz sentido na sua vida todo esse caminho para o alcance desse momento? Qual aprendizado pôde ter?

Decola coach

Frisa-se que a técnica exploratória de informações é primordial para o desenvolvimento de todo o processo. Entender o que passa na mente do seu *coachee* irá proporcionar a reflexão sobre suas ações e fatos que até então não foram aprofundados. Temos que desenvolver um processo de reflexão sobre o que ainda não foi trabalhado, o que não foi "mexido". Normalmente, algumas respostas já estão "na ponta da língua", geralmente as três primeiras, haja vista que, em algum momento, já passaram em seu diálogo interno ou foram discutidas ou apresentadas a alguém. Essas informações mais profundas, do subconsciente, que mal foram exploradas são diamantes dentro do processo de conscientização e movimentação do estado atual em direção ao desejado.

"O seu cérebro é o maior milagre de todos e pode fazer maravilhas quando você o usa bem! Sempre se lembre disso!"
Richard Bandler

Focando diretamente na solução e não no problema, a PNL trabalha fortemente o processo de aprendizagem de toda a experiência de vida daquela pessoa que deseja o desenvolvimento.

Esse processo de percepção e de autoconhecimento produz um resultado estratégico ao caminho promissor em direção à meta. Vejamos, como exemplo, alguém que sempre desejou mudar sua profissão, mas seguiu os velhos padrões ditados pela sociedade e família, formou-se em uma boa faculdade, empregou-se em um excelente cargo e que mesmo assim se sente infeliz. Essa mesma pessoa tentou, diversas vezes, abrir mão desse estereótipo, mas nunca avançou em busca de seu propósito, continuando na sua zona de conforto e sentindo, ao mesmo tempo, um vazio.

A programação neurolinguística consegue apurar o que de fato ocorreu, ou que de fato não tenha ocorrido. Compreende o que se passou nesses diversos "marcos de tentativas", lá atrás, e que de fato levou à desistência, ao não movimento para o estado desejado. Técnicas avançadas de PNL, ou até mesmo algumas mais básicas, são capazes de extrair esse aprendizado para aprofundar uma ferramenta em sessão. Lembrando, a PNL não foca no problema, ela busca recursos de aprendizagens para, estrategicamente, focar na solução.

A programação neurolinguística trabalha muito as representações internas do indivíduo, o que de fato passa por sua cabeça e como isso impacta suas ações e bloqueios.

Todas nossas experiências são revistas por imagens (visual), sons (auditivo) e sensações (cinestesia), produto das modalidades sensoriais ou os nossos cinco sentidos – visão, audição, paladar, tato e olfato, que são a base de quase todas as técnicas de PNL. As características desses sistemas representacionais chamamos de submodalidades. Cada vez que visualizamos uma cena, ou seja, que imaginamos ou recordamos internamente algum fato, estamos visualizando intrinsecamente suas características.

Pegamos como exemplo de submodalidade visual a cor, tamanho, localização, nitidez. Para as auditivas, como exemplo, volume, altura do som, ritmo. Por fim, como exemplos de submodalidade cinestésica respiração, movimento, sensação. A mudança de paradigmas internos pode ser manejada com mudanças das submodalidades nas imagens que fazemos internamente.

Vamos exercitar!
Lembre-se de algo agradável que ocorreu, um momento pontual em uma viagem, em uma festa, em um encontro. Essa imagem, agora comece a vê-la com mais brilho, movimento, com uma música de fundo bacana, com sensação de felicidade... com certeza, ela ficou mais interessante, mais memorável. Agora, lembre-se daquela pessoa de que você não gosta muito, coloque a imagem dela preto e branco e menor, diminua de tal forma que fique do tamanho de uma foto e a coloque bem longe de você... a sensação ficou mais confortável em relação a essa pessoa, certamente.

Este é um exercício que pode ser utilizado para modificar a visão de mundo do *coachee*, fazendo com que ele possa se dar conta de que, por vezes, está distorcendo sensações, emoções e fatos de sua vida, de sua rotina, de sua história. Trata-se de uma ferramenta que possibilita variar uma cena para modificar sensações. A grande maioria das pessoas acaba deixando que o cérebro faça essas imagens e as intensifique e, logicamente, não se dando conta disso, reage ou se sente maravilhosamente bem ou no fundo do poço, sem ânimo e motivação para ser feliz ou ir atrás dessa felicidade.

Nesse momento, podemos nos autoanalisar, nos dar conta de que nosso cérebro, muitas vezes, nos boicota em relação ao que pode ou não ser alcançado. Dessa forma, com as técnicas da programação neurolinguística, o profissional *coach* tem base para trabalhar as adversidades que porventura possam ser encontradas no decorrer do processo de desenvolvimento.

O alinhamento de confiança e o apoio na motivação para alcançar a meta, com a estratégica programação neurolinguística, certamente trará resultados assertivos e enraizará o processo de mudança efetivo naquela pessoa que deseja algo melhor para si e ecologicamente para os outros.

Em suma, pode-se entender, com este capítulo, a base prática e efetiva de atuação da PNL na metodologia do *coaching*. Em verdade, essas técnicas estão intrínsecas durante todo o processo e o praticante de PNL, dominando esses recursos, contribuirá positivamente para a mudança do *coachee*, desejo de qualquer profissional que tem como propósito o desenvolvimento humano.

Saibamos usar a PNL com maestria e ética, apoiando no alcance dos resultados efetivos, impactando a vida de tantas pessoas que desejam explorar o seu melhor!

Referências
BANDLER, Richard. *Usando sua mente: as coisas que você não sabe que não sabe: programação neurolinguística*. Editora Summus, 1987.
BANDLER, Richard. *Sapos em príncipes: programação neurolinguística*. Editora Summus, 1982.
Licensed Practitioner PNL – *Mental Formula, Apostila de treinamento*, 2018.

Decola coach

Capítulo 16

A importância da inteligência emocional no mundo corporativo

A habilidade de gerenciar as emoções já é uma competência que distingue as pessoas no ambiente de trabalho. Tornou-se essencial para o bem-estar entre liderança e liderados, potencializando equipes com relacionamento interpessoal efetivo. As pessoas com inteligência emocional evoluem de forma contínua porque acreditam no gerenciamento das emoções de maneira positiva e são mais preparadas para lidar com situações de pressão na rotina do trabalho e fora dele.

Joice Alessi

Decola coach

Joice Alessi

Graduada em Letras e pós-graduada em Línguas, Literatura e Gestão de Pessoas. Atou quase 30 anos como educadora, exercendo funções de liderança e coordenação de projetos em sala de aula e comunidade educativa. Estudiosa e adepta da Inteligência Emocional desde o seu surgimento. Formada em Crenças e *Practitioner* em PNL. Diversos treinamentos em Gestão Empresarial, RH e Liderança. *Personal, Business, Executive & Leader Coach e Coach de Grupos*. Agente Humano: *coaching*, mentoria e inteligência emocional. Colunista da Revista Fred Magazine Regional.

Contatos
joicealessi@hotmail.com
atendimento@alessicontabil.com.br
Instagram: joicealessi
(55) 99172-4613

Joice Alessi

Em pleno século XXI, a cada dia vivendo em um mundo sem fronteiras geopolíticas, acontecem mudanças tecnológicas muito rápidas que transformam os setores da economia. A exigência do mercado está a cada dia elevando seus níveis para obter melhores resultados, diante de tamanha competitividade, um ativo tangível para a empresa passou a ser gente.

Diante de tantas incertezas, o conhecimento técnico não é suficiente para atingir as metas propostas. As emoções passaram a ter uma enorme relevância entre os colaboradores. Elas se tornaram o diferencial no comportamento das organizações e passou a ser um ativo fundamental para o sucesso de qualquer negócio que envolva pessoas.

Isso trouxe uma preocupação crescente em orientar as pessoas para o desenvolvimento da inteligência emocional, objetivando conciliar o conhecimento técnico com o autoconhecimento em prol de ambientes empresariais mais humanos com equipes mais saudáveis e felizes.

A solução de muitos conflitos pode estar no desenvolvimento de uma equipe emocionalmente inteligente. A inteligência emocional é uma habilidade que o indivíduo possui para reconhecer as próprias emoções e ter a dimensão de como essas emoções afetam os outros. Uma equipe emocionalmente inteligente está relacionada com a capacidade de um grupo em gerenciar e aproveitar as emoções objetivando resultados positivos. "A mente de grupo, como explica Goleman, ajuda a economizar tempo ao buscar novas soluções e amplifica a capacidade individual. Portanto, aproveitar esse conhecimento cumulativo só é possível se a equipe confiar e trabalhar bem em conjunto".

Segundo Goleman (1998):

> O desenvolvimento de uma inteligência emocional ajuda a aumentar a capacidade de raciocínio e simultaneamente, a canalização da energia emocional, aumentando a capacidade de conexão com os outros. Constataram por estudos que algumas pessoas brilhantes intelectualmente nem sempre eram as mais bem-sucedidas na vida profissional e pessoal.

Ainda de acordo com o psicólogo Daniel Goleman, os cinco elementos que precisam ser trabalhados para o desenvolvimento de uma mente emocionalmente inteligente são: autoconhecimento, autocontrole, motivação, habilidades sociais e empatia.

O elo invisível que reflete e que demonstra o diferencial é a equipe ser emocionalmente inteligente. Logo, pessoas com uma inteligência emocional bem desenvolvida são, geralmente, consideradas autoconfiantes, persistentes, motivadas e capazes de controlar as mudanças de estado emocional diante das pressões durante o trabalho e fora dele.

A pressão por resultados e a necessidade de atender ao crescimento fazem com que as pessoas desenvolvam mecanismos de defesa que descuidam das relações interpessoais. Criar uma cultura organizacional em que todos acreditam e respeitem que as pessoas não podem ser medidas pelo tamanho do seu cargo ou pelo domínio de conhecimento foi eleito como um dos fatores determinantes para fazer encontros em que autoconhecimento seria o pontapé inicial para juntos cocriar um ambiente organizacional em que todos tenham um sentimento de pertencimento e se sintam inseridos e acolhidos por todos do grupo.

Perante a um cenário cada vez mais instável e imprevisível, os profissionais têm o desafio de atender a essa demanda que é recorrente em qualquer ambiente de trabalho.

Investir no desenvolvimento dos colaboradores e acompanhar seu crescimento e conquistas é altamente recompensador. Muitos já entenderam que é de suma importância educar os sentimentos, porque traz equilíbrio emocional e isso reflete em todas as áreas da vida. Concomitante ao exposto, muitas empresas estão promovendo funcionários que atingiram uma boa relação com os clientes internos e externos e possuem um elevado grau de bom humor. Estas são duas habilidades de prática cotidiana de Inteligência Emocional.

Por que desenvolver a Inteligência Emocional?

Desenvolver a IE é fundamental para ter mais assertividade e consciência no comportamento das equipes de trabalho ajudando a encarar melhor as adversidades enfrentadas na rotina diária, e blindar o estado emocional para impedir que qualquer problema afete sua vida e carreira.

Para apresentar o modelo e a influência do estado emocional na produtividade e engajamento laboral, fizemos uma pesquisa e constatamos que os níveis neurológicos entre si influenciam uns aos outros. Eles são muito eficientes em situações em que se deseja modificar um ambiente específico, gerar atitudes, habilidades e crenças. Então essa confirmação nos fez decidir compartilhar um aprendizado específico sobre a importância das emoções em cada um, seja no aspecto profissional e pessoal.

Robert Dilts, em seu livro *Crenças: caminho para a saúde e o bem-estar* (1993), explica a importância do ambiente na formação de características e comportamentos para cada ser humano. Ele mostra em seus estudos que a base dos níveis neurológicos é o ambiente (conf. fig.01), em destaque, o quadro retirado do livro citado.

NÍVEIS NEUROLÓGICOS DE ROBERT DILTS

Pela sua importância e reconhecimento, definimos alinhar um trabalho coletivo com o objetivo proposto, pois confirmou-se que os ganhos seriam para todos. Então, começamos pela base. Como o ambiente físico, por si só, não diz muito, no sentido pleno, é ambiente quando tem a presença das pessoas e a sua interação, e mais que isso, mantê-lo não passa só pela vontade de líderes, mas cabe à liderança dar condições e criar um clima de conexão. Esta acontece quando a liderança e colaboradores podem estar em sintonia para que uma boa convivência passe a ser um valor defendido e preservado por todos que fazem parte dele, adotando um sistema colaborativo.

O desafio é desenvolver para evoluir. Cocriar um ambiente saudável para todos os participantes é uma tarefa mantida a quatro mãos.

É importante compreender que toda mudança reflete em toda a cadeia, ou seja, não importa o nível hierárquico, ela refletirá em todos os níveis, é por esse motivo que todo e qualquer processo de desenvolvimento deve ser *top down* (de cima para baixo) e *bottom up* (de baixo para cima), gerando conhecimento e desenvolvendo a percepção de todos os envolvidos.

O autoconhecimento é a base para alcançarmos a alta *performance*.

Diante da afirmativa de que a competência essencial do profissional do futuro é a Inteligência Emocional, o que fazer na empresa?

Oportunizar um clima propício para melhorar a *performance* integral das pessoas é o passo básico para dar sustentação a um processo de evolução coletivo que escolhemos desenvolver. Sugestões para melhorias no modo como as equipes e os indivíduos interagem:

Para incentivar um ambiente respeitoso foram escolhidos quatro pilares – comprometimento com a mudança, colaboração, aceitação de desafios e atitude: "eu vou fazer".

Decola coach

Para executar o projeto foi necessário estabelecer algumas atitudes comportamentais para garantir que todos os participantes se comprometessem a ouvir novas possibilidades de se expressar num ambiente coletivo. As emoções negativas individuais necessitam ser reconhecidas para, em sintonia consigo, resolver sempre que possível. A partir disso, lançada a proposta, houve a aceitação e um combinado de comprometimento.

Foram programados encontros sucessivos (um semestre) em que o objetivo era trabalhar a Inteligência Emocional entre todos os colaboradores da empresa, seguindo um cronograma de encontros e etapas.

Desenvolvimento do processo e suas etapas:
1. Sessão de estudo de textos e debate com o tema Inteligência Emocional, vídeos para sensibilizar e nivelar o conhecimento;
2. Retomada com vídeo motivador e realização do teste de IE (www.administradores.com.br/artigos/carreira/inteligencia-emocional-faca-o-teste/78312);
3. Encontro do grupo com avaliação das forças e fraquezas, em que cada um toma a decisão de iniciar as melhorias por meio de uma ficha-controle que passará a anotar a própria evolução;
4. *Feedback:* conversas individuais com o objetivo de verificar os resultados positivos e a manutenção para as melhorias desejadas;
5. Encerramento do programa: mesa-redonda com relatos individuais de forma transparente em que cada um conseguiu expor a mudança que vem atingindo com os desafios vencidos em relação ao novo comportamento adotado e o grau de comprometimento para a manutenção no local de trabalho;
6. Desafio externo: exercitar a Inteligência Emocional com um familiar com o objetivo de melhorar os aspectos positivos na convivência. No final do processo, relatar para o grupo uma avaliação das melhorias.

Ferramentas utilizadas:
Ficha-controle individual 1: exercício de expansão da consciência:

Agora vou eliminar?	Agora começo a fazer	Continuo fazendo e intensificando mais

Análise SWOT Pessoal

	O que você vai ganhar com isso? (Meus pontos fortes)	O que você vai perder com isso? (Meus pontos fracos)
FAZER		
SER	Oportunidades de melhoria	Atitudes da mudança

Resultados obtidos pela equipe:
1. O clima organizacional teve um salto positivo e ganho na afetividade;
2. Maior respeito às diferenças no relacionamento interpessoal;
3. Superação de dificuldades com mais parceria e mais colaboração;
4. Melhorias no foco em gerar soluções rápidas para o cliente;
5. Habilidade de lidar com suas próprias emoções e as dos colegas;
6. A comunicação interna e externa obteve um ganho exponencial.

Um bônus colhido pelo trabalho proposto foi a flexibilidade e a resiliência adquirida individualmente e em grupo, pelas pessoas que participaram.

Conclusão

Pessoas com Inteligência Emocional bem desenvolvida são geralmente consideradas autoconfiantes, persistentes, motivadas, empáticas e resilientes. Destacam-se apresentando um bom convívio social, pela empatia. E ainda possuem o atributo de se autoavaliar cuidando os seus pensamentos e suas atitudes. O "papa" da Inteligência Emocional, Daniel Goleman, refere-se às equipes emocionalmente inteligentes como "equipes de estrelas", que possuem as seguintes características:

- Flexibilidade;
- Resiliência;
- Empatia;
- Cooperação;
- Autoconfiança;
- Boas relações;
- Proatividade;
- Forte desejo de melhoria e consciência dos pontos fortes e fracos.

Decola coach

Desenvolver a habilidade de gerenciar as próprias emoções é uma habilidade necessária para alcançar sucesso profissional. Diversos pesquisadores sobre comportamento humano confirmaram e, recentemente, a neurociência também. Eles mostram que quem usa essa competência emocional atinge relacionamentos mais duradouros e ainda vive uma melhor vida social. O *coaching* em grupo foi o processo de desenvolvimento que permitiu aos profissionais aprimorar suas competências com celeridade gerando resultados extraordinários. O processo desenvolvido na empresa para proporcionar uma base sobre a importância de educar os sentimentos e elevar o grau de consciência em IE proporcionou a criação de um ambiente amistoso e mais afetivo entre todas as pessoas, além de ter aumentado a resiliência na equipe e expandido a prática de *feedback* individual evolutivo.

Alinhar o grupo aproveitando a cultura organizacional e elevar o seu padrão de sentimentos foi interessante e integrador, pois a confiança foi se desenhando durante os encontros e, no final, a obra foi recompensadora, concluindo o trabalho com resultados inimagináveis. A partir daí, o cumprimento dos prazos da nossa atividade ficou mais integrado e passou a ser executado com mais alegria.

Depois que conheci o *coaching*, me sinto motivada e busco cada dia estar mais preparada para ajudar as pessoas a saírem do ponto em que estão para conquistar melhores níveis. O ambiente de trabalho e as relações com o entorno são decisivas, uma vez que estar em equilíbrio melhora o humor e até o desempenho profissional. Então, saber se relacionar e expressar os sentimentos faz muito sentido no mundo corporativo. Já é um selo de competência aproveitado pelos avaliadores dos RHs na hora das promoções. Um funcionário que valoriza o autoconhecimento encontra na motivação ainda mais força para querer e viver uma vida plena e gratificante em todos os aspectos.

O processo de *coaching*, adequado à necessidade do ambiente organizacional a ser desenvolvido, pavimenta infinitos resultados no contexto empresarial. Nesse *case*, por ser um processo transdisciplinar cuja proposta foi acolher o ser humano na sua integralidade, resultou em mudanças positivas na convivência entre liderança e liderados.

Para quem deseja alcançar a excelência, despertar a pessoa a um nível mais elevado de sentimentos e emoções é uma busca prazerosa, além de que poder sentir e controlar as emoções em qualquer hora e lugar é um treino para ser feliz no trabalho também.

Decola coach

Capítulo 17

O poder está em mim

Este artigo é um *case* real de que o processo de *coaching* é fantástico e, sim, transforma vidas. É possível criar uma vida dos sonhos. Aqui, compartilho com vocês meus sonhos, minhas limitações e minha transformação real.

Daiane Dalla Valle Buzatto

Decola coach

Daiane Dalla Valle Buzatto

Analista comportamental DISC *Assessment*, *Personal*, *Executive and Leader Coach* - Instituto Mentor Coach. Empresária e agente humano – Instituto Agente Humano.

Contatos
daianebuzatto.otimize@gmail.com
Instagram: daiane_buzatto
Facebook: Daiane Buzatto / Otimizefw
(55) 98459-4686

Daiane Dalla Valle Buzatto

"Siga seu coração e sua intuição.
Eles já sabem onde você quer estar. Todo resto é secundário."
Steve Jobs

Nada é por acaso... A vida tem altos e baixos, é preciso entender, estar atento. Sempre sonhei com uma vida perfeita, mas essa vida perfeita eu não vivia, e as atitudes em que me empenhava para alcançar não davam certo. Acreditava que tudo poderia ser diferente, mas não compreendia e não via maneiras de como mudar. Claro que era melhor colocar a culpa pela atual situação nos outros, era mais confortável e não precisava mudar meu comportamento em meu dia a dia. Até que um dia, cheguei ao meu limite, não queria mais aquilo para mim, queria uma vida diferente.

Tive a humildade de buscar ajuda; estava com minha saúde física boa, mas com meu emocional abaladíssimo. Não queria auxílio de algum profissional da saúde, procurava algo com que eu me entendesse, em que eu pudesse pensar, sentir e agir. Precisava de alguém que realmente soubesse quem eu era. Então, no mês de março de 2017, tive a coragem de enviar uma mensagem a minha Mentora atual, Alessandra Smaniotto. Como já a seguia nas redes sociais, logo em seguida, entrou em contato comigo e foi quando tudo começou.

"O segredo do sucesso é aprender como usar a dor e o prazer, em vez de deixar que usem você. Se fizer isso, estará no controle de sua vida. Se não fizer, é a vida quem controla você."
Anthony Robbins

Essa é a vida de uma menina, filha de agricultores, criada de forma muito simples, mas com muitos valores e princípios, em um lar cheio de amor. Com muitos sonhos, acreditava que todas as pessoas tinham a mesma percepção de mundo. Educada para servir e não ser servida.

Seguindo seus princípios e valores, acreditava que o amor era a base para tudo, enfim, tomava as suas decisões pelo emocional. Sua família costumava chamá-la de "sentimental".

Os anos foram passando, faculdade, sonho de casar e construir uma família perfeita. Então, veio o casamento, "o amor". Sempre acreditei muito no amor, suas responsabilidades, filhos, trabalho, muitas alegrias e muitas preocupações. Não consigo explicar a alegria que senti ao ver os rostinhos e mãozinhas dos meus filhos, quando eles nasceram. Foi uma sensação maravilhosa ver a Carol Bruna, Samuel Madison e Luiza Isabeli pela primeira vez.

Em meio aos acontecimentos do curso normal da vida, sempre batalhei pelo meu trabalho fora de casa, não me via somente como uma dona de casa, acreditava que tinha que contribuir com a família e ser uma profissional bem-sucedida. Meu primeiro emprego foi de babá, com 11 anos; tive que deixar minha família e ir morar na cidade com meus tios, para dar continuidade aos meus estudos. Muitos foram os aprendizados, muitas noites me pegava a chorar com saudade dos meus pais e irmãos, mas sabia que era para o meu melhor.

Aos 16 anos, a oportunidade de assinar a então sonhada carteira de trabalho. Passei por uma seleção e fui contratada para ser operadora de caixa na Cooperativa COTRIFRED, na cidade em que meus pais moravam. A alegria foi imensa e a oportunidade de estar novamente com meus pais foi uma experiência incrível. Desenvolvi muito minha comunicação no contato com os clientes, e carrego esse conhecimento até hoje. Tive a oportunidade de ser colega de grandes líderes.

Então, chegou o momento de ir para faculdade. Fiz meu primeiro vestibular para cursar Ciências Contábeis, pois adorava matemática. Mas, na época, não tinha condições financeiras e acabei desistindo de cursar. Fiquei, então, um ano sem estudar, porém não me contentei e prestei vestibular para o curso de Serviço Social.

Ingressei na tão sonhada vida universitária. Nesse período, conheci meu esposo e casamos. Fiz uma escolha, desisti do curso de Serviço Social, na época achava que era o certo, devido a não ter habilidades e controle emocional suficiente para dar conta de tudo, casa, família, filhos, trabalho e marido. Foi quando descobri que tinha um talento nato, comecei então com uma pequena confecção, não tinha muita experiência, mas fui levando do nosso jeito.

A confecção foi crescendo e, com ela, muitos foram os desafios. Não sabia nada como eram os processos internos e legais para manter uma organização. Fui aprendendo na tentativa e erro, tentativa e acerto. Tinha um sonho de ter meu próprio negócio e poder ajudar as mulheres dando a oportunidade de um emprego. Fui em frente; muitas foram as lutas, muitas frustrações, não entendia de processos e nem de pessoas, mas tinha muita fé, sonho de ter liberdade nos horários e ter uma vida melhor.

Em cada gravidez, eu tinha que parar a produção, por não passar todo o meu conhecimento. Com o passar dos anos, fui me dando conta de que precisava de mais conhecimento técnico. Então, comecei a fazer alguns cursos em parceria com a ACI – Sebrae (Associação do Comércio e da Indústria), lá realizei vários cursos de gestão.

Daiane Dalla Valle Buzatto

Muitos dos sonhos não tinham saído da minha cabeça, minha vida estava um caos, muitos conflitos internos, conflitos nos relacionamentos no trabalho e na família. Uma ansiedade, angústia, não conseguia dominar as minhas emoções e, com isso, estava desestruturando ainda mais o todo. Estava infeliz, descrente de tudo e meu marido passando por uma crise de existencialismo, depressão, tratamento. A dura realidade de ter que encarar tudo sozinha, eu com 39 anos e vendo o tempo passar e meus objetivos não alcançados. Minha filha havia terminado o ensino médio e estava sem perspectiva de onde ir estudar, pois passava por uma crise financeira muito grande. Foi então que decidi dar um basta para as reclamações e começar um processo de *coaching*.

Iniciei, mas precisava entender primeiro:
- ☑ Quem eu era;
- ☑ Onde estava;
- ☑ Onde queria estar;
- ☑ Quais eram os meus valores;
- ☑ Quais eram as minhas crenças;
- ☑ Qual era o meu propósito de vida;
- ☑ O que me impedia de ser quem realmente eu sou.

Enfim, não foi fácil fazer essa autoanálise e buscar esse autoconhecimento. Existiam compartimentos que não queria acessar, tinha minhas crenças limitantes; tudo era proibido, o pecado e o medo do julgamento era gigante. Autoaprovação. Precisava estar aberta para entender que as respostas estavam dentro de mim e que era somente eu que precisava me entender. Com a ajuda de minha *coach*, em cada sessão eu sentia um alívio e cada vez mais aquela vontade de fazer as coisas virarem verdades.

É uma desconstrução para uma construção com um caminho planejado, estruturado, analisado e com a certeza de estar na rota certa e ir em busca de realizar. Não existe caminho sem caminhar, aprendemos a estrada caminhando.

"Mude a maneira que você vê o mundo e sua vida mudará, pare de reclamar, tome as rédeas de sua vida, só você é responsável pela sua vida estar do jeito que está. Seja você a mudança que quer ver no outro."

Comecei, então, a mudar o meu comportamento, me comprometendo a alterar, primeiramente, pequenas coisas. Um livro que me ajudou muito nessa fase e na organização de meu dia foi *A tríade do tempo*, de Christian Barbosa.

Claro que toda mudança tem perdas e ganhos e eu estava convicta de que nem todos que estavam comigo aceitariam este meu novo comportamento, foi quando algumas pessoas ficaram no caminho e, claro, com isso, muitas outras vieram. Nosso comportamento é a soma das cinco pessoas com quem mais convivemos. Fiz o meu teste comportamental para reconhecer quais eram minhas habilidades e quais outras deveria potencializar para conseguir chegar ao estado desejado.

Decola coach

  Momento de entrar em ação, resolvi me desafiar em uma atividade física: aprender a andar de patins. Quando criança, gostava muito, mas como nossa realidade não nos permitia, tinha aquela vontade de um dia aprender e andar com minhas filhas. Na época, minha filha Luiza participava do grupo em minha cidade chamado "Magia da patinação", que se apresenta todo final de ano. Eu achava muito lindo, e as responsáveis haviam organizado um grupo de mulheres para fazer as aulas, ou seja, a possibilidade de me exercitar e fazer algo que tinha um dia sonhado em fazer.

  Mas nem tudo é do jeito que a gente quer. Fui na minha primeira aula, aprendi bem e deu tudo certo, porém, no final, quis dar uma volta com mais velocidade e, então, caí. Como se não bastasse cair, levantei e saí caminhando no hospital. Logo depois, a notícia da fratura, cirurgia e no mínimo 90 dias sem colocar o pé no chão. Vendo-me naquela situação, bateu o desespero novamente, mas havia algo dentro de mim que dizia: vá em frente, você consegue. Decidi, assim, dar um tempo ao trabalho, me retirar e dar atenção ao que realmente importava no momento: cuidar da minha saúde física, mental e emocional.

  Sempre gostei muito de ajudar e ensinar as pessoas que vinham até mim, mas não tinha parado para pensar. Tanto que na minha empresa toda o processo de industrialização do produto fui eu que desenvolvi e ensinei as minhas colaboradoras a manusear os equipamentos. Nos momentos de conflitos na empresa, sempre tentava solucionar da melhor maneira, pois acredito que o meu direito termina onde começa o do outro. Para crescermos em uma organização é preciso entender o todo, pois pessoas não são máquinas e cada uma tem suas limitações, cabia a mim entender cada uma delas e colocar na melhor função para alcançarmos o resultado desejando na empresa.

  Nessa fase da minha vida, já havia passado todo o meu conhecimento técnico para minha equipe, é onde digo que nada é por acaso, tinha chegado o momento de me realizar como profissional. Durante o meu processo de *coaching*, mais uma surpresa: a possibilidade de me tornar uma *coach*. Foi quando decidi fazer minha primeira formação e detalhe: com minha perna quebrada, em junho de 2017, PEC- *Personal e Executive Coaching* no Instituto IMC, em Passo Fundo, no RS. Em dezembro, fiz meu *Master Coach* no Instituto IMC.

  Com ele, muito aprendizado. Cada vez mais focada e disciplinada. Mudar leva tempo e causa dores. Mas quando realmente queremos, conseguimos. Fui em frente. Aos poucos, meu relacionamento no trabalho e em casa foi melhorando. Reorganizar o nosso financeiro, acredito que foi a parte mais difícil naquele momento.

  A partir desse ponto, e com o que eu desenvolvi no meu processo de *coaching*, consegui ter um entendimento sobre o que estava vivendo, e tirar proveito da situação para encarar da melhor maneira, conseguindo, assim, eliminar as minhas crenças limitantes e voltar a sonhar.

Compartilho com vocês uma citação do Livro *Desperte seu gigante interior*, de Anthony Robbins:
A verificação ecológica

1. Certifique-se de que a dor está plenamente associada ao antigo padrão. Quando você pensa em seu antigo comportamento ou sentimento, imagina e sente coisas que agora são dolorosas, em vez de agradáveis.
2. Certifique-se de que o prazer está plenamente associado ao novo padrão. Quando você pensa em seu novo comportamento ou sentimento, imagina e sente coisas que agora são agradáveis, em vez de dolorosas.
3. Alinhe-se com seus valores, convicções e regras. O novo comportamento ou sentimento é coerente com os valores, convicções e regras em sua vida.
4. Certifique-se de que os benefícios do antigo padrão foram mantidos. O novo comportamento ou sentimento ainda vai permitir a você obter os benefícios e sensações de prazer que o antigo padrão costumava lhe proporcionar.
5. Sondagem futura. Imagine-se a assumir esse novo comportamento no futuro.

Imagine o que seria desencadeado se você adotasse o antigo padrão. Adquira a certeza de que pode usar o novo padrão, em vez do antigo.

É chegado o momento de colocar em prática o meu conhecimento e ajudar a transformar a vida de outras pessoas, assim como eu tive a oportunidade. Meu primeiro trabalho como *coach* profissional foi uma palestra motivacional de abertura para o novembro azul. Lá, eu sabia que estariam muitas autoridades. Na ocasião, o senhor prefeito veio me cumprimentar e pedir desculpas porque não ficaria até o final da minha palestra. Para minha realização, ele ficou até o final, vindo me cumprimentar novamente e parabenizando pela apresentação.

Os presentes haviam gostado, para minha surpresa, foi gravada e transmitida pelo canal Fwtv e divulgada no canal do YouTube. A mensagem que deixei foi: "se fizer, uma vez no dia, algo de bom, em um ano você terá feito 365 coisas. E então, teremos a coragem de assumir o controle de nossa vida e, por consequência, tudo ao nosso redor mudará para melhor".

Confesso que demorei para entender toda essa transformação que sim ou não faz parte e que muitas vezes dizemos sim da boca para fora, com medo de ferir o outro. A partir de tudo o que havia vivido, não queria mais agradar e, sim, queria poder dizer o não e, quando necessário, exercitar meu racional. Aos poucos fui divulgando meu trabalho como *master coach* e as pessoas começaram a me procurar. Comecei, então, meus atendimentos nos processos individuais e em grupo.

Decola coach

Montei o espaço físico e comecei os atendimentos de *coaching* com meus *coachees*. Para minha surpresa, me identifico muito, e hoje sou grata a tudo o que aconteceu em minha vida e todas as pessoas que deixaram marcas e levaram um pouco de mim.

Compartilho, aqui, *cases* de meus *coachees*:

"Conhecia a Daiane da loja dela. Quando fiquei sabendo que ela era *coach*, fui em busca de ajuda. Sou estudante de Direito, já no quinto semestre, com bolsa para projetos. Sempre fui muito dedicada, mas, depois que entrei na faculdade, não conseguia atingir meus objetivos. Comecei então o *coaching* com a Daiane. Demorei um pouco para me encontrar, quando consegui enxergar que as respostas estavam ao meu alcance e precisava de um direcionamento, escrevi o meu primeiro projeto e apresentei. Venho tendo um crescimento constante na minha vida pessoal e profissional. Sou grata por ter conhecido o *coaching* e a Daiane." R.Z.R.

"Conheci a *coach* Daiane por meio das redes sociais, foi então que decidi marcar uma sessão. O processo de *coaching*, para mim, foi de muita importância, digo que foi um marco, pois busquei minha autoconfiança e voltei a batalhar por aquilo que me faz viver. Sou grato por ter conhecido a *coach* Daiane". C.G.

Acredito que todas as pessoas deveriam fazer *coaching*, seja ele para vida pessoal ou profissional. A vida é muito curta para ficarmos com tantas dores internas, quando descobrimos que somos nós que inventamos muitas histórias para não tomar uma decisão ou ficar no mesmo lugar. Acredite, se eu, uma mulher criada com muitas crenças limitantes, estou aqui dando meu depoimento, tudo é possível.

Minha filha Carol, hoje, é estudante de Medicina. Meu filho está no primeiro ano do ensino médio, exemplo de aluno. A Luiza, a cada dia se superando com mais alegria e ânimo, focada para buscar o peso certo. Meu marido buscou a autoestima e está muito mais confiante em tudo. Minha empresa melhorando a cada dia, meus relacionamentos estão muito mais sólidos e amadurecidos, meus colaboradores, hoje, são todos treinados por mim, e sou muito grata por todos entenderem o processo e concordarem de realizar este sonho junto comigo, minha gratidão a todas essas pessoas. Tenho orgulho em dizer que tudo aquilo que sonhamos e, se realmente estivermos comprometidos, conseguimos alcançar.

Agradeço a Deus por estar sempre presente em minha vida.

"Tudo posso naquele que me fortalece."
Filipenses 4:13

Decola coach

Capítulo 18

O poder de identificar o perfil comportamental do coachee

Neste capítulo, você irá conhecer e entender os perfis comportamentais, e como esse conhecimento vai potencializar o seu processo de *coaching* e a *performance* no alcance dos resultados. Executores, comunicadores, planejadores e analistas, potenciais humanos que precisamos conhecer. Pessoas certas no lugar certo e na hora certa. Venha comigo!

Cynthia Sales

Decola coach

Cynthia Sales

Master Executive Coach e *Head Trainer* com certificações internacionais, *Trainer Training* em programação neurolinguística, formadora de *coaches*, palestrante em *business* e liderança motivacional. Possui mais de dez mil horas de experiência na aplicação de treinamentos, *workshops*, palestras e atendimentos a processos de *coaching* e, além de ser mentora e idealizadora do Mulheres de Titanium, e apresentadora do programa Salto Agulha, atuando em grandes empresas de todo o Brasil.

Contatos
www.titaniumtdh.com.br
titaniumtdh@gmail.com
Facebook: Titanium Treinamento e Desenvolvimento Humano
Instagram: cynthiasalestitanium
YouTube: Titanium Tdh
(85) 98753-1118 / 99818-0328

Cynthia Sales

Somos seres únicos com particularidades que nos tornam interessantes e cheios de possibilidades. Desde a antiguidade, o homem busca compreender melhor o comportamento humano. Essas variadas formas vêm por meio de reflexões, observações e pesquisas. Os gregos atribuíam aos quatro elementos básicos da natureza (fogo, água, terra e ar) a influência básica no comportamento das pessoas. Veja um pouco sobre o histórico dos perfis:

Gregos	Hipócrates	Carl Jung	DISC (Marston)	Assessment
Fogo	Colérico	Produtor	Dominância	**Executor**
Água	Sanguíneo	Sensitivo	Influência	**Comunicador**
Terra	Fleumático	Intuitivo	Estabilidade	**Planejador**
Ar	Melancólico	Analítico	Conformidade	**Analista**

Entender o comportamento humano, os tipos de perfis e combinações é uma ferramenta poderosa do *coaching*. Isso nos ajuda a entender sobre como o *coachee* responde aos estímulos, o que é importante para ele, o que ele valoriza, como busca resultados, quais os seus medos, pontos de melhoria e muitas outras informações importantes.

Como um profissional que exerce um papel de agente transformacional, é fundamental ter o conhecimento do perfil *coachee*/cliente, para que possamos orientar quanto as suas competências e habilidades para o sucesso na carreira e na vida, para assumir a gestão de suas emoções, comportamentos e conduzir padrões de comportamentos adequados nas situações corretas e assim gerar mais resultados extraordinários, de forma mais assertiva e objetiva.

A partir do conhecimento do perfil do *coachee*, conseguimos entender como ele pensa e age, fortalecer a sua autoestima, potencializar as suas habilidades e diferenciais, destacar as suas competências de liderança, minimizar ou eliminar os seus *gaps* e orientar o seu potencial para melhores resultados. Então, vamos entender logo quais são os tipos de perfis para decolarmos como *coaches*.

Decola coach

> "Para se ter talento é necessário
> estarmos convencidos de que temos."
> Gustave Flaubert

Perfis que detalharemos: comunicador, executor, planejador e analista.

O comunicador é um perfil extrovertido, falante, festivo, animado e descontraído. Gosta de viajar e sair, tem facilidade na comunicação e passa de um assunto a outro com rapidez. Precisa de contato interpessoal e ambiente harmonioso, é vaidoso e deve ser monitorado para não sair do foco. A motivação é combustível para continuar as atividades.

Comunicador – Influenciador e agregador de pessoas	
Importante	Fazer diferente, criatividade.
Valoriza	Relações interpessoais, convívio social.
Resultados	Busca, por meio de prestígio, persuasão e popularidade.
Medos	Solidão, perder apoio, o prazer, e dizer "não".
Necessidade	Ser notado.
Sob tensão	Pode prometer o que não pode entregar.
Não gosta	Rotina e detalhes; desprestígio.
Motivação	Ser notado e admirado.
Pontos de melhoria	Falta de foco, emocionalmente imprevisível, desorganização, começa e não termina.
Pontos fortes	Vive o presente, otimista, boa impressão, motiva pessoas.

Já o executor é uma pessoa ativa, otimista e dinâmica, o jeito dele é o certo. Ele enfrenta desafios, é trabalhador, tem muita força de vontade; realmente faz acontecer; gosta de autonomia e independência para resolver as atividades; é autoconfiante. Pode ser autoritário, inflexível e muito competitivo consigo.

Executor – supera obstáculos e alcança resultados	
Importante	Fazer rápido, velocidade.
Valoriza	Resultados atingidos.
Resultados	Busca por meio de domínio e poder.
Medos	Falhar, perder autonomia e poder, submeter-se.
Necessidade	Ser notado.
Sob tensão	Pode agir com desrespeito ao outro.
Não gosta	Falta de objetividade e ineficiência.
Motivação	Liberdade para agir.
Pontos de melhoria	Dificuldade para explicar, insensível e duro, arrogância, orgulho, pouca análise, egoísmo.
Pontos fortes	Corajoso, autoconfiante, resiliência, resoluto, prático, estabelece alvos e os alcança.

O planejador é um perfil mais calmo, tranquilo, prudente e autocontrolado. Gosta de rotinas e seguir regras, é flexível, bom caráter e tem ritmo constante e disciplinado. É paciente, observador, tem uma memória incrível, é introvertido e bem manso. Tem boa convivência, diplomata e mediador; excelente ouvinte, muito fiel, gosta de colaborar e contribuir com as pessoas.

Planejador – Coopera com as pessoas	
Importante	Fazer junto.
Valoriza	Fazer bem feito para o outro.
Resultados	Buscar, por meio da persistência, continuidade e organização.
Medos	Arriscar, perder o autocontrole e a segurança das opiniões dos outros.
Necessidade	Associação (sentimento de pertencer).
Sob tensão	Apresenta medo de se magoar.
Não gosta	Mudanças frequentes, impaciência e falta de harmonia.
Motivação	Reconhecer seu comprometimento e mostrar confiança.
Pontos de melhoria	Insegurança, pessimismo, teimosia, indeciso, desencoraja os outros, resistente a mudanças.
Pontos fortes	Calmo, fiel, pacificador, bom ouvinte, conselheiro, caprichoso, eficiente, confiável.

Agora, chegamos ao perfil analista, que tem característica dos gênios, é preocupado, rígido, mas calmo. Calado, discreto, inteligente, intelectual, extremamente perfeccionista. Deve ser sempre estimulado, introspectivo, crítico e pontua bem. Racional e se compromete com o trabalho.

Analista – Desenvolver tarefas com precisão e qualidade	
Importante	Fazer certo; cumprir regras.
Valoriza	Organização.
Resultados	Busca por controle e exatidão.
Medos	De conflitos, de não ter pensado em todas as possibilidades, medo de errar.
Necessidade	Segurança.
Sob tensão	Pode se retirar ou calar-se.
Não gosta	Imprevistos e riscos.
Motivação	Ofereça segurança e garantias.
Pontos de melhoria	Pessimismo, orgulhoso, critica os defeitos dos outros, indeciso, cansa facilmente, deprimido e triste, às vezes, verbalização, consciência dos sentimentos.
Pontos fortes	Capacidade analítica, fiel, perfeccionismo, autodisciplinado, trabalho intelectual e criativo, bem-dotado, gênio.

Decola coach

Ainda existem os perfis primos: comunicador e planejador, que se desenvolvem por relacionamentos mais informais, voltados às pessoas; executor e analista, que se desenvolvem pelo trabalho mais formal, voltados às coisas; perfis irmãos: comunicador e executor, que gostam de risco, de mudança, são extrovertidos e práticos; planejadores e analistas, que gostam de segurança, preferem o *status quo*, introvertidos e teóricos. E ainda existem as combinações dos perfis e suas nomenclaturas:

Empreendedor	Comunicador + Executor.
Integrador	Comunicador + Analista.
Aconselhador	Comunicador + Planejador.
Inovador	Executor + Analista.
Organizador	Executor + Planejador.
Especialista	Planejador + Analista.
Solucionador	Executor + Comunicador + Planejador.
Julgador	Executor + Comunicador + Analista.
Competidor	Executor + Planejador + Analista.
Articulador	Comunicador + Planejador + Analista.

Incrível como são diferentes os perfis, e isso é maravilhoso, pois podemos ter uma diversidade de pessoas que se complementam. Nós possuímos um pouco de cada perfil, e isso nos torna seres ainda mais únicos. Agora, entenda uma coisa, imagine você sem todas essas informações. É só olhar para as relações próximas. Quantos conflitos? Falta de compreensão? Desentendimentos por motivos banais? Interpretações erradas ou, talvez, apenas diferentes?

Está nas possibilidades de soluções, que conseguimos ao tomar consciência das diferenças dos perfis, entender claramente que não somos iguais e que o outro pensa diferentemente.

Imagine o poder desse conhecimento no momento em que focamos em lideranças. Independentemente de qual grupo ou time seja, o quanto favorece o trabalho do líder ao poder potencializar o seu time com as pessoas certas no lugar e hora certos.

Sabemos que, no mundo corporativo, acontecem contratações por competências técnicas e desligamentos por competências comportamentais. Um profissional de sucesso precisa saber lidar e entender de pessoas. Um dos diferenciais competitivos, hoje, é saber gerir as suas próprias características.

Cynthia Sales

Uma coisa muito importante é que, ao realizarmos um trabalho de desenvolvimento para o nosso *coachee*, olhemos para os *gaps*. Porém, é essencial potencializarmos o que ele faz que já é bom na sua essência.

Foque em estabelecer a consciência do *coachee* como uma das principais realizações num processo de *coaching*, autoconhecimento. Compreender essas bases do comportamento humano é uma poderosa chave para elevar a produtividade e lucratividade de qualquer organização.

Lembro-me de situações, durante os meus atendimentos, em que o *coachee*, no caso, achava que era "bipolar", mas, na verdade, tinha um perfil comunicador e analista, que são perfis antagônicos. Foi maravilhoso ver que, com a tomada de consciência, o *coachee* começou a se desenvolver de uma forma sensacional e com extraordinários resultados.

Sim, o poder está em você! Faça a diferença e impacte vidas. Gratidão por me permitir compartilhar e contribuir com o seu conhecimento. E só o começo! Vamos decolar!

"Pois Dele, por Ele e para Ele são todas as coisas. A Ele seja a glória para sempre! Amém." (Romanos 11:36)

Decola coach

Capítulo 19

Filmes e livros para coaches

Obras cinematográficas e livros permeados de significados e poderosas lições são também ferramentas usadas na metodologia do *coaching*, para um alto desenvolvimento humano.

Carmen Lúcia da Silva Giacomini

Carmen Lúcia da Silva Giacomini

Professional, Leader & Self Coach; Analista 360°; *Coach* de Grupos e Equipes; Analista Comportamental; *Master Coach* Ontológico; *Master Executive Coach; Licenced Practitioner* – PNL; *Day Training* by Tony Robbins Brasil e Gestão em Recursos Humanos.

Contatos
clsgiacomini@yahoo.com.br
Facebook: Coach Carmen Giacomini
Instagram: carmengiacomini
(54) 99967-1860

Filmes para *coaches*

Os filmes estão entre as várias ferramentas de valor e eficácia usadas na metodologia do *coaching*. O objetivo de algumas produções é o entretenimento, ou deixar algum ensinamento por meio de metáforas que contribuem efetivamente no comparativo que surge na reflexão do *coachee*, durante e após assistir um filme sugerido pelo *coach*.

O grande ganho dos filmes indicados nos processos de *coaching* é a contribuição no desenvolvimento das competências do *coachee*, capazes até de mudar nossas atitudes, comportamentos e a nossa visão de mundo.

Esses filmes incríveis podem ser encontrados na Netflix e vão fazer você ter novos *insights* e até promover mudanças em sua vida. Confira a minha lista de indicações:

Mãos talentosas

Filho de mãe analfabeta, vítima de preconceito e com baixa autoestima, Ben era um aluno que não acreditava em seu potencial. Sua mãe percebeu que a literatura poderia ajudá-lo, então fez com que ele criasse o hábito de ler dois livros por semana. Com isso, Ben melhorou suas notas no colégio e conseguiu uma vaga em uma universidade de prestígio nos EUA, onde depois de algum tempo, passou a ser considerado um dos melhores neurocirurgiões do mundo. Esse filme trata da superação do garoto e nos mostra como podemos transformar as nossas vidas com determinação.

À procura da felicidade

O longa conta a trajetória de um homem que, devido a um investimento ruim, perdeu praticamente tudo, casa, carro, esposa, restando apenas o seu filho pequeno e a motivação para mudar de vida. Agarrando-se a isso, superando todas as adversidades, ele conseguiu se tornar um milionário. Força de vontade, determinação e superação são alguns dos quesitos que o filme aborda.

Invictus
Traz a inspiradora história de como Nelson Mandela uniu forças com o capitão da equipe de *rugby* da África do Sul, para ajudar a unir a nação por meio da linguagem universal do esporte. Ele apoiou o desacreditado time da África do Sul, na Copa Mundial de *rugby* de 1995, que fez uma incrível campanha até as finais.

Uma parte interessante foi quando o jovem capitão, em sua entrevista com Mandela, em vez de conseguir respostas para suas perguntas, foi confrontado a repensar o formato de liderança que adotava em seu time.

Fome de poder
Uma dica especial para aqueles que sonham ou já são empreendedores. Conta a história da rede de lanchonetes McDonald's, e de como um visionário transformou o seu negócio num verdadeiro império, aos 50 anos. A lição trazida pelo filme é de que os sonhos não têm idade para ser realizados. Embora bastante controversos, como pontos fortes da história, destacam-se a coragem, a inovação, o espírito empreendedor, a ousadia e a estratégia.

O homem que mudou o jogo
Esse é outro filme que utiliza o cenário esportivo para ensinar lições válidas para a vida. O treinador de um time de beisebol, que possui poucos recursos, em vez de se acomodar por conta das circunstâncias nada favoráveis, cria as próprias oportunidades por meio de um novo método de contratar jogadores, e treiná-los, atingindo o objetivo de transformar a sua equipe em uma grande campeã.

A vida é bela
Um filme encantador que recebeu três estatuetas do Oscar, no ano de 1999. Mostra a forma que um judeu, preso em um campo de concentração, encontrou para salvar a vida de seu filho, levando-o a ter uma nova e positiva visão a respeito da realidade em que viviam, ressignificando as experiências dolorosas por meio da imaginação. Uma história que mostra o poder da inteligência emocional para superar e trazer resiliência perante os desafios da vida.

O discurso do rei
Um rei inglês que tem sérios problemas com a voz, ainda príncipe, é convidado pelo seu pai, para discursar diante da nação. Albert, então duque de York, não pode evitar que a gagueira interfira em sua fala. Apoiado por sua esposa, vai à procura de um fonoaudiólogo para vencer essa dificuldade. Autoconhecimento é essencial para superar os obstáculos criados pela mente e assumir o controle sobre as suas ações e sua vida.

Carmen Lúcia da Silva Giacomini

O preço do amanhã
O filme se passa no futuro, num mundo em que a moeda financeira é o tempo e não mais dólares, reais ou euros. Cada indivíduo nasce com um marcador inserido em seu pulso, que dispara quando cada um completa 25 anos. A partir desse momento a contagem é regressiva, as pessoas bem-sucedidas se mantêm e chegam a viver centenas de anos. Os pobres trabalham a troco de remunerações miseráveis, recebendo quantias mínimas de tempo, para se manterem vivos ou são largados à marginalidade, roubando ou mendigando por tempo.

A recém-chegada
Mostra as dificuldades que as mudanças nos impõem e nos ajuda a compreender melhor o papel de um líder dentro de uma organização, valorizando o potencial de cada colaborador. Liderar não é mandar, mas, sim, conquistar as pessoas que estão ao nosso redor, para que juntos consigamos um resultado satisfatório.

Um sonho possível
Ensina sobre empatia, compaixão e, acima de tudo, superação. Mostra que, por mais difícil que seja a vida, devemos seguir em frente e fazer o melhor que podemos.

A última fortaleza
É um filme que inspira os profissionais a serem cada dia melhores no trabalho que realizam, independentemente das condições em que se encontram. Desperta nas pessoas o sentimento de respeito e mais consideração pelo próximo.

Desafiando gigantes
Muito mais do que um filme cristão, trata de motivação, liderança e dedicação. Ensina a trabalhar em equipe e, acima de tudo, agradecer não somente quando as coisas estão bem, isso é fácil. Aprender a ser grato quando as dificuldades nos cercam é o grande desafio. Faz-nos perceber que podemos muito mais do que imaginamos, somos capazes de ultrapassar até mesmo os limites impostos por nós.

Sem limites
O filme trata basicamente do fato de acessar partes do cérebro que guardam as nossas lembranças, desde a nossa infância. Mas, será mesmo necessário acessá-las para que possamos dar o nosso melhor?

O estagiário
O verdadeiro significado de "tire a bunda da cadeira" aparece quando um senhor de 70 anos, que poderia ter ficado em casa sem fazer

nada, resolve fazer a diferença. Visualizamos, nesse filme, exemplos de liderança, comunicação organizacional, empreendedorismo, relacionamento e tecnologia. Mostra como um líder deveria tratar os colaboradores, sem ter uma sala própria, sem ter medo de pedir desculpas e, acima de tudo, sempre buscando ser um exemplo para equipe.

A travessia
Com base em fatos reais, o planejamento é a base para todo o desenrolar da trama. O personagem principal nos mostra que não devemos desistir nas primeiras tentativas, que devemos ter uma meta e persistir nela, por mais dificuldades e empecilhos que possam existir.

O diabo veste Prada
Podemos observar nitidamente uma líder que funcionário nenhum gosta. Ofensiva e opressora, faz com que os funcionários tenham medo dela. Entretanto, mostra-se absurdamente determinada, organizada e estrategista. Em questão de liderança, mostra que o líder não deve fazer com que seus funcionários o temam, mas, sim, tenham satisfação em trabalhar com ele.

Que cada uma dessas produções proporcione inspiração, reflexão e muito aprendizado. Que você possa desenvolver novas habilidades, expandir a liderança e ampliar a sua inteligência emocional, como fizeram os protagonistas dos filmes mencionados.

Livros para *coaches*
Para ampliar o seu repertório intelectual com informações de qualidade, de fácil acesso e pouco investimento, os livros que abordam temas relacionados ao processo de *coaching* podem ser aliados poderosos na trajetória de desenvolvimento contínuo com informações de qualidade. Aproveite as indicações a seguir:

Tríade do tempo (Christian Barbosa)
A partir da ideia de que o tempo se divide em três esferas: importante, urgente e circunstancial, o autor ensina a melhorar o seu desempenho e atitude, caso esteja desperdiçando energia. Esse livro traz uma brilhante metodologia que vai ajudá-lo a aproveitar melhor o seu tempo e se dedicar ao que de fato é importante, organizando a sua vida e melhorando a sua produtividade.

Quem não comunica não lidera (Reinaldo Passadori)
Atualmente, um líder que não apresenta com eficácia seus objetivos e não interage com os *stakeholders* apresenta uma grande dificuldade

em se destacar nas empresas. Nesse livro, você vai ter diversos exercícios para que possa aprender a se comunicar bem em qualquer contexto e em qualquer momento, assim como fazem os grandes líderes.

O corpo fala no trabalho (Monika Matschnig)
A autora revela a importância de deixar uma impressão positiva, saber como reagir adequadamente aos sinais do seu interlocutor, e o que é de fato importante para que esses objetivos sejam alcançados. Se você precisa enfrentar uma entrevista de emprego, realizar apresentações no trabalho, ou não quer cometer deslizes com seus colegas e superiores, esse livro será o seu aliado.

Desperte o gigante interior (Anthony Robbins)
Essa obra o ajudará a ser dono do seu próprio destino. Robbins explica como as mudanças em nossos hábitos e estilo de vida são responsáveis pelo momento em que vivemos. É um livro sobre autoconhecimento que vai ajudá-lo a alcançar os seus objetivos.

O poder do hábito (Charles Duhigg)
Para mudarmos o que não funciona, precisamos, primeiramente, entender como funcionam os hábitos. Segundo o autor "os hábitos, dizem os cientistas, surgem porque o cérebro está o tempo todo procurando maneiras de poupar esforços". Funciona como o processo de *coaching*, em que *coachee* é quem precisa identificar quais são suas principais prioridades, traçar os seus objetivos e, com o auxílio do seu *coach*, ações serão criadas para atingi-los. Assim, após a identificação do hábito, ele poderá ser substituído.

As armas da persuasão (Robert B. Cialdini)
Nessa obra, o autor propõe e explica seis fundamentos que tornam a persuasão possível, são eles: reciprocidade, compromisso, validação social, afeição, autoridade e escassez. Somos envolvidos diariamente nas técnicas de persuasão e não nos damos conta. Somente quem estuda a técnica é capaz de entender como simples mudanças em frases ou cenários podem trazer resultados surpreendentemente positivos.

As 21 irrefutáveis leis da liderança (John Maxwell)
É um livro que fala sobre liderança. Podemos pressupor que, independentemente de cargos e posições que ocupamos profissionalmente, em algum momento da vida, todos vamos ocupar uma posição de liderança. O autor relata que para liderar com eficácia, é necessário fazer 21 coisas, chamadas por ele de leis. Leia a obra e descubra como desenvolvê-las e se tornar um líder ainda melhor.

Execução (Ram Charan e Larry Bossidy)

Os autores nos mostram que um grande número de empresas não atinge seu potencial máximo devido a execuções que são feitas de forma inadequada. É difícil conciliar o que a liderança da empresa quer e fazer isso de forma eficaz. Nesse livro, você vai entender como usar suas habilidades, para fazer com que o desejo da empresa seja executado e, consequentemente, ser um líder melhor.

Resiliência (Eduardo Carmello)

Essa obra nos ensina sobre como sermos mais resilientes no ambiente empresarial. A construção da resiliência deve ocorrer de forma gradativa no dia a dia, até que se tenha autoconfiança suficiente para superar suas limitações. Um profissional resiliente não só suporta as pressões do cotidiano empresarial, como deve saber antecipar as crises fazendo o possível para manter suas competências e habilidades, independentemente do cenário.

O verdadeiro poder (Vicente Falconi)

O livro tem base na liderança, método e conhecimento do processo. Esses três pilares vão ajudar a estabelecer cada foco por meio de métricas, para acompanhar se as premissas estão de fato sendo seguidas. Para que o *coachee* alcance seus objetivos e mantenha o foco, o autor destaca a necessidade da análise de resultados e estabelecer metas.

Decola coach

Capítulo 20

Dicas para uma poderosa sessão de coaching

Conheça, neste artigo, métodos para tornar a sua sessão de *coaching* poderosa, capaz de encantar e atrair pessoas interessadas no seu produto e serviço, gerando um impacto direto e significativo no resultado do processo do seu cliente.

Sara Pereira dos Santos

Decola coach

Sara Pereira dos Santos

Master Coach Executive e Ontológico; administradora de empresas há mais 20 anos, com experiência em gestão e desenvolvimento humano no ramo de logística e franquia postal. *Professional & Business Coach* com certificação internacional pelo Instituto Mentor Coach. Analista comportamental; *coach* de líderes, executivos e equipes. Há 18 anos membro da diretoria do Lar Moisés, instituição sem fins lucrativos que ajuda crianças com seus direitos violados. Experiência de mais de cinco mil horas em atendimentos de *coaching*; especialista e pós-graduada em Gestão de Pessoas e Processos Gerenciais; sócia-proprietária da APEX Treinamentos e Coaching – Curitiba, Paraná.

Contatos
www.apextreinamentos.com.br
sara@apextreinamentos.com.br
Facebook: Apex Treinamentos
Instagram: apextreinamentos.curitiba
(41) 3205-2025 / (41) 99926-1412

Sara Pereira dos Santos

Coaching é um processo que facilita o desenvolvimento de recursos para o atingimento de metas. Para que isso ocorra, o preparo, habilidades e conhecimentos do *coach* são fundamentais. Confie no seu potencial, na sua sabedoria e nos seus conhecimentos, acredite na capacidade transformadora de gerar mudanças e resultados.

Gere empatia, mostre ao seu cliente o quão feliz você está pela oportunidade de apresentar a ele uma metodologia que levará sua vida a outro patamar. Faça uma apresentação rápida do seu currículo, fale de suas formações, experiências e *expertise*, gerando autoridade ao grande profissional que você é.

Especifique características e benefícios do processo de *coaching*, demonstre confiança, mostre que você respeita e acredita na capacidade do cliente desenvolver e elevar a sua vida a outro nível. O *coach* confia no seu *coachee*, na metodologia do processo como um todo, para a geração de resultados duradouros.

Demonstre confiança no *coachee*, delegando a ele as decisões e o desafiando a transcender o estado atual. Esclareça que um processo de *coaching* tem início, meio e fim, definidos em comum acordo entre ambos, conforme a meta desejada.

O *coach* apoia o cliente na busca de realizar metas de curto, médio e longo prazo, por meio da identificação e uso das próprias competências desenvolvidas. Esclareça que não é possível ensinar nada a ninguém, visto que a pessoa já tem todo o conhecimento e potencial dentro de si. Com perguntas poderosas, o *coach* faz as pessoas refletirem e tirarem as suas próprias conclusões, além disso, com o uso de técnicas e ferramentas, desperta o potencial que existe dentro delas.

Um dos elementos poderosos em processo de *coaching* é a definição do nicho de atuação, assim, consequentemente, se tornará especialista em uma determinada área e sentirá segurança e confiança.

Explane sobre o processo de *coaching*, de forma que o cliente esteja completamente ciente ao que será submetido e possa exercer com liberdade o seu direito de permanência no processo. Assim, se não houver sinergia, conexão e troca entre os envolvidos, não haverá produção de mudança e desenvolvimento, pois o *coaching* exige entrega e confiança plenas.

Decola coach

Elabore planos de ação, ferramentas que orientem o seu cliente na concretização de objetivos, definam juntos metas tangíveis com evidências claras para atingimento do estado desejado. A responsabilidade do sucesso do processo de *coaching* é do cliente. Ajude a pessoa a mudar à sua maneira, auxilie no caminho que ela quer seguir.

Avalie o nível do seu cliente e descubra se ele está preparado para passar por um processo de *coaching*. Se identificar que ele não está, seja ético e indique qual a direção mais apropriada para o momento, diga com clareza que o *coaching* não é o melhor processo para atender as suas necessidades atuais. Tenha por finalidade estabelecer os parâmetros da dimensão ética e técnica, de forma a garantir, no desempenho profissional de profissionais *coaches*, o comprometimento com o resultado e necessidades do cliente.

Seja acolhedor, pois, por meio da conexão, surge a possibilidade de interação entre *coach* e *coachee*. A partir daí, o profissional deve ser amigável e acolhedor, sempre procurando se comunicar em uma linguagem clara, honesta, objetiva e agradável.

Certifique-se de que irá oferecer um ambiente seguro, pois as sessões devem ocorrer em ambientes livres de barulhos. Outra boa ideia é o som ambiente a gosto do cliente, cores e decoração que transmitam tranquilidade.

Use um tom de voz respeitoso, combine com o do seu cliente. Não o torne radicalmente diferente. Se ele falar mais alto, aumente o seu tom para acompanhá-lo. Se tiver uma voz mais suave, suavize a sua também. Se falar rápido, fale também, se falar devagar, diminua o seu ritmo para acompanhar o dele. Não imite o cliente; isso é muito inapropriado. Ao combinar o tom de voz, você está entrando em seu mundo, gerando uma aceitação.

Estar aberto a ouvir é uma prática que todo *coach* deve ter. Ouvir na essência é se conectar ao ponto de sentir o que a pessoa está sentindo ao falar, e saber o que será dito, mesmo antes das palavras serem pronunciadas. O importante é sentir e agir dessa maneira, proporcionando a você e a pessoas a honra da sua atenção focada.

Jamais o interrompa quando ele estiver falando. Reconheça e escute ativamente os sentimentos da pessoa. Como *coach*, você deve estar atento ao que o cliente diz e, às vezes, ao que o deixa de dizer. Seja pontual, cumpra horários, prazos, e jamais prometa algo que não possa cumprir, mantenha sempre uma aparência limpa e organizada. Tudo isso irá refletir nos resultados do seu processo.

Assegure ao seu *coachee* que os assuntos abordados na sessão são de absoluta confidencialidade, que jamais você, como *coach*, irá expor a outros o que for dito, que, por muitas vezes, irá compartilhar com ele *cases* de sucesso, mas nunca citar o nome da pessoa. As atitudes do *coach* devem sempre ser congruentes.

O cliente tem as respostas e o *coach* tem as perguntas. Faça perguntas que despertem reflexão, que tragam foco e motivação, que sejam desafiadoras, que o levem a pensar em respostas como: "eu não sei". É justamente nesses momentos que as melhores respostas aparecem e trazem uma autoanálise com uma visão mais clara e objetiva. Certifique-se de sempre perguntar algo com sentido.

Defina com clareza a razão e o objetivo da conversa, foque no estado desejado, elabore um planejamento e defina as metas. O que será feito? Quem fará? Quando será feito? Onde será feito? Por que será feito? Como será feito? Quanto custará? Use um diário para anotar e acompanhar a trajetória.

É fundamental, para a realização de uma sessão de *coaching*, o comprometimento de ambos, pois, sendo uma poderosa ferramenta que visa aumentar o desempenho do indivíduo, grupo ou empresa, potencializando o foco positivo, há a necessidade de cumplicidade. Para isso, o *coachee* deve se permitir fazer uma parceria e usufruir de todas as técnicas e ferramentas apresentadas, para atingir o resultado desejado.

Seja cuidadoso para não projetar os seus próprios enigmas no seu cliente e para não assumir uma postura de conselheiro, consultor ou psicólogo. Lembre-se de que o *coaching* potencializa a ideia do outro, de modo a focá-la na sua direção e visão, sem oferecer respostas prontas. Leve o seu cliente a se sentir forte e seguro para atingir resultados duradouros.

Atente-se para que o conteúdo de cada sessão esteja sempre direcionado ao atendimento da visão de futuro do *coachee*. Não se esqueça de que a visão é dele e nunca sua. Ajude-o a compreender a sua trajetória, livrar-se do que não serve mais e descobrir talentos e recursos desconhecidos. Lembre-se de que você pode aproveitar o processo e cada sessão, na mesma proporção que a do seu cliente. Mantenha os compromissos acordados com disciplina. Limite-se a somente falar do objetivo do projeto e iniciar o assunto da necessidade de construção da visão. Registre, ao final de cada encontro, os detalhes da sessão e eventuais pendências de *feedbacks* e/ou esclarecimentos, quer seja para você ou para ele.

Firme um contrato de trabalho entre vocês, registrando compromissos, responsabilidades, datas, tempo de cada sessão (sugestão: de 1h a 1h30, no máximo, para cada sessão), com encontros semanais, quinzenais ou mensais, com a duração de três a quatro meses.

Rapport – sintonia e acompanhamento – criação de uma relação de confiança e harmonia, na qual o cliente fica mais aberto e receptivo para trocar informações, ser desafiado e aceitar mudanças. Essa palavra tem origem no termo francês, *rapport*, que significa trazer de volta. Ele ocorre quando existe uma sensação de sincronização entre duas ou mais pessoas, porque elas se relacionam de forma agradável.

Decola coach

A nível teórico, inclui três componentes comportamentais: atenção mútua, positividade mútua e coordenação.

Patrocínio positivo – afirmações poderosas e positivas que conduzem o cliente para um estado mental positivo, com isso cria-se receptividade e proporciona apoio. Alguns exemplos: "eu estou com você"; "eu entendo você"; "estamos juntos neste processo"; "parabéns, você está indo muito bem". Documento cuja redação permite criar um ambiente seguro, levar o *coachee* a um estado mental positivo, criar reciprocidade e apoiá-lo. É importante que ele saiba que você está ao lado dele para ajudá-lo em seus problemas e na resolução deles. Deixe sempre isso muito claro, para manter um laço de confiança.

Psicologia Positiva – a Psicologia Positiva é um termo amplo que engloba o estudo dos aspectos saudáveis do viver. Ela estuda as emoções positivas: felicidade; prazer; traços positivos do caráter (sabedoria, criatividade, coragem, cidadania etc.); relacionamentos positivos (amizade, confiança, vínculos afetivos saudáveis) e as instituições positivas (escolas, empresas e comunidades). Trata-se de um ramo da psicologia que explica que a felicidade humana depende bastante de pensamentos e atitudes positivas.

É necessário que o *coachee* entenda que é possível chegar aonde pretende, com a criação de metas concretas que, ao serem desenvolvidas de uma maneira positiva, tragam felicidade, auxiliem na obtenção de seus objetivos. É o estudo do que está bem nas pessoas, investiga como alcançam uma meta mais feliz, com mais satisfação e significado. Foca na identificação e na construção das forças humanas, da felicidade, do bom funcionamento e da excelência.

Escala – indicador de *performance*/mensuração de resultados – de zero a dez, o quanto você pode melhorar no comportamento X, para alcançar seus objetivos?; De zero a dez, o quanto você se comprometeu com a tarefa? De zero a dez, o quanto você pode melhorar no comportamento X, para alcançar os seus objetivos? De zero a dez, o quanto você acredita que é possível atingir essa meta?

A técnica de recapitulação tem como objetivo criar uma comunicação eficiente; gerar receptividade e dar *feedbacks*. Consiste em repetir, de forma igual, as afirmações do *coachee*. Prepare-se para cada sessão e crie um arsenal de segurança, saiba aplicar, no mínimo, dez ferramentas de *coaching*.

Finalize todas as sessões colhendo e dando *feedback*s, perguntando por que a sessão foi importante. Não existe progresso sem tarefas. Faça com que o *cochee* se comprometa, pergunte a ele o que você pode fazer para que ele possa se aproximar ainda mais dos resultados desejados. De que forma saberá que a tarefa foi concluída. Se possível, deixe predefinidos os assuntos da próxima sessão.

Agradeça. A gratidão é um ato de amor. Se, com todas essas dicas, você se sentir seguro, parabéns, você está certo. Mas se ainda não se sentir seguro, está certo também. Recomendo que adquira e participe do programa Decola *Coach*, do Instituto Mentor Coach, assim, com certeza, será um profissional fora da curva.

Referências
Instituto Mentor Coach.
Vídeos Jerônimo Temel.